Ein Licht kommt in die Welt
24 Geschichten im Advent

Ein Licht kommt in die Welt

24 Geschichten im Advent

benno

Bibliografische Information der Deutschen Nationalbibliothek
Die Deutsche Nationalbibliothek verzeichnet diese
Publikation in der Deutschen Nationalbibliografie;
detaillierte bibliografische Daten sind im Internet unter
http://dnb.d-nb.de abrufbar.

ISBN 978-3-7462-4401-3

Zusammenstellung: Volker Bauch, Leipzig
Umschlaggestaltung: birq design, Leipzig
Gesamtherstellung: Kontext, Lemsel (A)

Inhaltsverzeichnis

Existenziell berührt

Jürgen Werth

Licht! So ein Licht! So ein ärgerliches Nachttischlämpchenlicht! Es ist 6.3o Uhr. Verschlafen schiebt sich Thomas Merz aus dem Bett. Alles noch dunkel draußen. Klar. Ist halt noch nicht Frühling. Muss man durch. Jeden Morgen wieder.

Gequält streckt sich die linke Hand Richtung Zimmerdecke. Die rechte verschämt Richtung Mund. Obwohl: Er kann ihn aufreißen, so weit er will. Gähnen, so viel er will. Ist eh keiner da.

Radio an. Und die Kaffeemaschine. Wasser in die Kanne. Filter in den Trichter. Pulver in die Tüte. Vier Löffel. Dann Zähne putzen, rasieren, Haare waschen, Achseln einsprühen – jeden Morgen das gleiche Ritual. Alltagsmorgen.

Ein müder Blick aus dem Fenster. Wie ist das Wetter heute? Wieder feucht und kühl und neblig? Wie beinahe jeden Tag während der letzten Wochen? Der Himmel scheint klar. Jedenfalls kein Regen. Und kein Schnee.

Als ihm beinahe die Zahnbürste aus der Hand fällt. Draußen ist auf einmal alles taghell. Taghell um 6.40

Uhr! Im Winter! Licht! So ein Licht! Und ein Knall. Dauert's eine Sekunde?
Drei Sekunden? Was ist das? Für einen Moment stimmt nichts mehr. Ist die Nacht nicht mehr Nacht, der Morgen nicht mehr Morgen, Thomas Merz nicht mehr Thomas Merz. Für einen Moment steht die Erde still. Jagen Panik und Glück durch seine Seele. Träumt er noch? Ist er verrückt geworden? Ist das das Ende der Welt? Oder der Anfang?
Radio an. Mit zitternden Fingern. Gute-Laune-Musik wie immer. „Gleich Viertel vor sieben!" Weiß er doch längst selbst. Anderer Sender. Und endlich die Nachricht:
„Ein Lichtphänomen am Himmel hat vor wenigen Minuten die Bevölkerung in unserem Sendegebiet in Aufregung versetzt. Wie die Polizei mitteilt, haben sich zahlreiche Menschen gemeldet, die von einem grellen Blitz und einem anschließenden Knall berichtet haben. Manche sprechen von einem UFO."
Thomas Merz wischt sich den Schweiß von der Stirn. Hat er Angst gehabt? Wenigstens ist er nicht verrückt geworden. Wenigstens haben auch andere gesehen, was er gesehen hat.
Aber was um alles in der Welt war das? Was ist passiert?
Stunden später die Aufklärung: nein, kein UFO, natürlich nicht. Die Europäische Weltraumbehörde meldet, dass es sich wohl um einen Meteoriten gehandelt hat, der in fünfzig bis hundert Kilometern Höhe in der At-

mosphäre verglüht ist. Entwarnung also. Aber immer noch rufen Menschen bei der Polizei an, bei den Zeitungen, in den Radio- und Fernsehredaktionen. Müssen einfach erzählen. Von großen Glücksgefühlen, die das unerwartete Licht bei ihnen ausgelöst hat. Oder vom glatten Gegenteil: von Angst und von Panik. Experten werden befragt. Sie sagen, dass so eine besondere Lichterscheinung die Menschen existenziell berührt. Ganz tief drinnen etwas macht mit ihnen.
Existenziell berührt.
Wie damals auf den Hirtenfeldern. denkt Thomas Merz. Da ist auch auf einmal ein helles Licht in die dunkle und trübe Alltagsroutine der Hirten geplatzt. Und hat Angst und Schrecken verbreitet. Aber auch Freude und Glück. Sie waren wirklich existenziell berührt. Kann man nachlesen. Lukas 2. Damals ist ein Engel erschienen mit einer Ankündigung, die bis heute an jedem 24. Dezember in den Kirchen vorgelesen wird. Und nicht nur da. „Fürchtet euch nicht. Siehe, ich verkündige euch große Freude, die allem Volk widerfahren wird. Denn euch ist heute der Heiland geboren, welcher ist Christus, der Herr, in der Stadt Davids!"
Existenziell berührt.
Wie damals die Weisen aus dem Morgenland, denkt Thomas Merz. Die sehen ein helles Licht am Himmel. Einen Stern vielleicht. Und wissen sofort: Etwas Besonderes ist geschehen. Etwas Außergewöhnliches. Sie müssen hin, koste es, was es wolle. Und sie machen

sich auf eine lange beschwerliche Reise. Am Ende finden sie ein Kind in der Krippe und erfahren: „Euch ist heute der Heiland geboren!"
Existenziell berührt.
Wie irgendwann einmal, wenn dieses Kind aus der Krippe als göttlicher Herrscher zurückkommt auf die Erde, denkt Thomas Merz. Wie heute Morgen wird es vielleicht sein. Taghell mitten in der Dunkelheit. Und so ähnlich wie heute Morgen werden die Menschen wohl reagieren. Glücklich oder erschrocken. Und das hat dann etwas damit zu tun, ob sie sich über die Ankunft dieses Heilands freuen. Ob sie ihn kennen oder nicht. Ob sie sich von ihm beglückt oder bedroht fühlen.
Existenziell berührt.
Na ja, heute Morgen war's noch nicht so weit, lächelt Thomas Merz. Aber er kann sie nun ein bisschen besser verstehen, die Hirten und die Weisen. Und er weiß, dass er sich freuen möchte, wenn's eines Tages so weit sein wird, und das Licht zurückkommt.

Der Adventskalender

2. Dezember

Christa Spilling-Nöker

Als ich Frau E. kennenlernte, litt sie schon seit 14 Jahren an multipler Sklerose, einer Krankheit ohne Aussicht auf Heilung, ohne Hoffnung, noch einmal gesund zu werden.

„Warum gerade ich?“, fragte sie immer wieder. Sie zeigte mir Fotoalben aus längst vergangenen Zeiten: eine lebensfrohe junge Frau im Skiurlaub, im Karneval und auf Tanzfesten. „Erkennen Sie mich?“, fragte sie leise und begann, von ihren gesunden Jahren zu erzählen, von Beruf, Freundschaft und Liebe, von Ausflügen und Reisen. Immer wieder wurde sie dabei von krampfartigen Hustenanfällen unterbrochen. Der fast bis zum Skelett abgemagerte Körper quälte sich in der Anstrengung, zähen Schleim aus der Lunge abzusondern. Einmal habe sie versucht, sich das Leben zu nehmen, aber der Versuch sei misslungen. „Nicht einmal das kann ich“, waren ihre Worte.

Durch ganz kleine Stickereien versuchte sie immer wieder ein Stück Selbstdarstellung, bemühte sich, mithilfe ihrer Kreativität und Fantasie Hoffnung zu gewinnen,

um damit ihrem schleichenden Sterben zu begegnen. Doch oft versagten ihre Kräfte den Dienst. So bot ihr an vielen Tagen der Fernseher die einzige Abwechslung in ihrem beschwerlichen Alltag.
Gepflegt wurde sie von ihrer achtzigjährigen Mutter; ihre Schwester, ein Onkel und zwei andere Damen, die außer mir gelegentlich zu Besuch kamen, bildeten ihren einzigen Kontakt zur Außenwelt.
Manchmal gab es bei Frau E. Stunden, in denen sie von sich erzählte und ihr Leid beklagte.
Oftmals aber wollte sie von mir etwas hören, von meinem Alltag in der Schule, von meinen Reisen, wollte auf diese Weise teilnehmen an dem, wie das Leben draußen. war. Und so nahm ich sie im Geiste auf unsere Urlaubsfahrten mit im Transsibirienexpress durch die Taiga und im Landrover durch Kenia.
Als ich für ein halbes Jahr mit meinem Mann nach Brasilien ging, nahm ich mir fest vor, ihr jede Woche einmal zu schreiben. Am liebsten mochte sie Ansichtskarten, auf denen ein Kreuzchen zeigte: Hier haben wir übernachtet, dort zu Abend gegessen. Es wurde mir zur Gewohnheit, gezielt nach solchen Karten Ausschau zu halten. Als ich sechs Monate später wieder in Deutschland war und Frau E. besuchte, strahlte sie mich an. Mit ihrer heiseren Stimme flüsterte sie: „Das war mein schönstes halbes Jahr." Jeden Morgen hatte sie ihre Mutter gebeten, nachzusehen, ob wieder eine Karte für sie im Briefkasten lag. Als wir in Brasilien während des Urlaubs meines Mannes

gereist waren, hatte sie sich den Atlas geben lassen und war uns in Gedanken gefolgt.

Ich freute mich, dass ich meinen guten Vorsatz gehalten und ihr mindestens einmal pro Woche geschrieben hatte. Zugleich erschrak ich, welche Bedeutung diese Reihe von Ansichtskarten für sie gehabt hatte. Jeder dieser Tage war für sie mit einem Stück Erwartung gefüllt gewesen.

Das brachte mich auf die Idee: Es war Ende November, der Jahreszeit entsprechend draußen nebelig und trüb, zugleich voller Licht und Glanz in den Kaufhäusern, in denen bunte Christbaumkugeln, blinkende Sterne und Folienengel miteinander um die Wette glitzerten. Ich werde ihr einen Adventskalender basteln, dachte ich, da kann sie sich an jedem Morgen ein wenig freuen. Ich ging in die Stoffwarenabteilung und kaufte ein großes Stück roten Filz, dann sah ich mich nach kleinen Geschenken um. Vor allem in der Süßwarenabteilung wurde ich fündig. Einen kleinen, in rotes Stanniolpapier gekleideten Nikolaus erstand ich, gefüllte Kugeln, Tannenzapfen und Fläschchen zum Vernaschen, kleine Marzipanbrote und bunte Engel. Wieder daheim, schritt ich zur Tat. Ich kramte meine Nähmaschine hervor, zerschnitt das Stück Filz in vierundzwanzig gleich große Rechtecke, legte die Ecken aufeinander, und schon ratterte die Nadel los.

Als alle Beutel fertig vor mir lagen, kam der nächste Schritt. Die roten Täschchen mussten ja geschlossen

werden. Normalerweise lässt sich das mit einem zugeknoteten Stück Geschenkband erreichen, aber das ging in diesem Falle nicht. Frau E. hatte mir einmal sehr offen gesagt, wenn ich ihr etwas mitbrächte, dann möge ich das Geschenkband doch bitte nicht knoten. Sie müsse dann erst ihre Mutter bitten, eine Schere zu holen, aber sie möchte doch gern ihre Geschenke allein und selbstständig auspacken können. Ich war beschämt gewesen, dass ich darauf nicht von selbst gekommen war. Also wurde jetzt eine Rolle mit dünner goldener Kordel herausgesucht. Mit einer dicken Nähnadel zog ich ein Stück Kordel oben durch den Filz, sodass ich die Säckchen, nachdem ich sie, zum Teil auch mit Selbstgebasteltem, liebevoll gefüllt hatte, oben zusammenziehen und mit einer kleinen Schleife versehen konnte. Jetzt galt es noch, goldene Nummern auf die Beutel zu kleben. Anschließend dekorierte ich sie auf einem, mit Tannenzweigen geschmückten großen Pappteller. Damit die ganze Herrlichkeit auch etwas glänzte, bastelte ich noch ein paar Sterne zur Verzierung.
Stolz klingelte ich am 1. Dezember bei Frau E. Ihre Freude war aufrichtig, vor allem auch darüber, dass ich die Beutel so geschlossen hatte, dass sie sie allein öffnen konnte. Als ich sie kurz vor Weihnachten noch einmal besuchte, strahlte sie: „Ich habe an dem Adventskalender Spaß wie ein Kind! Es ist jeden Tag eine doppelte Freude. Erst taste ich das Säckchen von außen ab und

rate, was wohl darin sein kann, dann mache ich es auf und schaue nach, ob ich richtig geraten habe."
Wie wenig Zeit, Kreativität und Fantasie genügen, um einem kranken Menschen täglich ein wenig Vorfreude auf den kommenden Tag zu geben, ein kleines adventliches Hoffnungslicht in einem ansonsten mehr als grauen Alltag.
Für den Beutel mit der Nummer 24 hatte ich mir etwas Besonderes ausgedacht: Darin hatte ich das Jahreslos einer Fernsehlotterie versteckt. „Da habe ich jetzt jeden Monat einmal ein Stück Adventskalender", lächelte sie.
Zu dieser Freude ist es dann nicht mehr gekommen. Sie starb Mitte Januar an einer Lungenentzündung. Wie gut, dachte ich, dass ich ihr den letzten Advent noch ein wenig erhellt habe.
Es ist jetzt viele Jahre her, dass ich Frau E. beerdigt habe. Aber bis heute denke ich bei fast jeder Ansichtskarte, die ich unterwegs kaufe, ob man darauf wohl ein Kreuzchen machen könnte, und es vergeht kein Advent, in dem sie meinem Herzen nicht ganz besonders nahe ist.

Vorweihnachtsblitz aus trübem Himmel

Andreas Malessa

„Neiiin!! O Mist!" Hanne schrie auf.
„Sooooo ein Licht ist geil!"
Beide Ausrufe gellten gleichzeitig durchs Halbdunkel des Wagens. Hann bremste hektisch. Was aber nicht mehr nötig war.
„Was war das, Mama?"
„Ein Radarblitz", keuchte sie, „wir sind geblitzt worden, verstehst Du? Scheiße aber auch!"
Infolge ihrer plötzlich langsameren Fahrweise hatten sich hinter ihr etliche Autos aufgereiht, deren Scheinwerfer vom automatischen Innenspiegel gnädig abgeblendet wurden. Hanne machten sie trotzdem nervös.
„So ein Licht hab ich noch nie gesehen, Mama! Ganz hell, so dunkelrot und trotzdem hell!"
„Darum geht es nicht, mein Schatz. Ich bin von der Polizei erwischt worden. Und Papa wird bald eine ordentliche Stafe zahlen müssen."
„Polizei? Da war überhaupt gar keine Polizei. Und wieso Papa?"
„Weil ihm das Auto gehört und … ja dann überhol' doch meinetwegen!!! Los, los bitte sehr, Blödmann!!"

Luzias Mutter tippte ärgerlich mit dem rechten Fuß kurz auf die Bremse und mit dem Zeigefinger an ihre Schläfe. Niemand hinter ihr hatte wirklich gedrängelt. Es war ihr aber so vorgekommen. Genervt scherten die Fahrer der nachfolgenden Wagen auf die linke Spur aus und röhrten vorbei. Zug um Zug blinkten ihre Lichter grell in Hannes Außenspiegel auf. Sie glaubte zu schwitzen. Fand ihren Gurt plötzlich zu eng.

Luzia schmollte. „Du sagst immer: Der Papa muss zahlen, der Papa muss zahlen. Das ist ganz gemein! Das Auto gehört nämlich uns allen!"

Hanne kniff die Lippen aufeinander und gab wieder mehr Gas.

„Ja, Luzilein. Aber es ist auf seinen Namen angemeldet und deshalb wird die Polizei *ihm* schreiben und *er* muss Strafe zahlen. Obwohl *ich* zu schnell gefahren bin."

Das ihre Neunjährige oft und gern Partei ergriff für den abwesenden Papa, war Hanne im Kopf durchaus verständlich. Eine Familientherapeutin hatte ihr es erklärt. Weh tat es trotzdem.

Luzia schwieg. Wagte sie nicht, weiterzufragen? Weil die Stichworte Geld und Auto erfahrungsgemäß zu Streit zwischen ihren getrennt lebenden Eltern führte? Schuldgefühle rechtzeitig abbauen, hatte die Therapeutin geraten.

Hanne fing an: „Natürlich werde ich dem Papa alles ..."

Sie wurde knapp und schnell unterbrochen: „Lässt uns die Polizei jetzt nicht mehr zu Burger King fahren, Mama? Das hast du mir aber versprochen!"

Mama verdrehte die Augen. Diese egoistischen kleinen Biester!
Zwei Ausfahrten weiter leuchtete der amerikanisch weihnachtlich geschmückte Schnellfresspavillon. Drinnen roch es nach Bratfett und Desinfektionsmittel. Luzia bestellte mehr, als sie zu essen schaffte. Hanne ließ es gleichmütig zu. Die Wärme im Raum, der Geräuschpegel, das Absacken nach dem Schrecken machte sie müde. Versonnen einem Berg aus Pappkartons und Papier gegenübersitzend, dachte sie an die Höhe des Bußgeldes, die Punkte in Flensburg, den bürokratischen Schriftverkehr.
Aus den Deckenlautsprechern tropfte Bing Crosbys ölige Stimme. „I'm dreaming of a White Christmas."
„Das hat er für die US-Soldaten im Pazifik-Krieg gesungen. 41 oder 42 glaub ich …" Ein offenbar angetrunkener Opa setzte sich zu Hanne und Luzia an den Tisch. „… weil Weihnachten in Pearl Harbour ja eher heiß war als weiß, hehehehe …"
Luzia rückte ängstlich zur Seite und mampfte schneller. Hanne sah vor ihrem geistigen Auge Mündungsfeuer, explodierende Schiffe und rot blinkende Flugzeuge im Sturzflug. Als ihr Handy klingelte, meinte sie die Hafensirene von Pearl Harbour zu hören.
„Klaus hier. Nabend Hanne. Du, ichwollte mal fragen, ob Luzia nicht Lust hätte, morgen mit mir in eine Art musikalischen Kindergottesdienst …"
Klaus? Klaus! Schlagartig war Hanne wieder voll da. „Gut dass du anrufst. Du ich muss dir was sagen. Ich,

äh, also, ich bin geblitzt worden. Dumm gelaufen, ja. Zwanzig oder fünfundzwanzig drüber, was weiß ich. Mit dem Van, ja. Ich …"

Gleich würde der ermittelnde Kriminalkommisar Klaus, ihr Noch-Mann und Gegner, gewissermaßen eine alte Schirmlampe so umbiegen, dass der grelle Lichtkegel Hanne voll ins gehetzte Gesicht blendete. Und dann würde das Verhör beginnen. Wie in einem Spionagefilm.

Die Schuldige sprach schneller: „… ich zahle natürlich selbst. Schick' mir den Formularkram und trag' meine Kontonummer ein, o. k.? Ich bitte dich lediglich, Luzia gegenüber daraus keinen Staatsakt …"

Klaus blieb gelassen. Verwirrend friedlich. Keine Eiseskälte in der Stimme? Keine Häme? Hanne hielt inne. Nahm Witterung auf. Der ungepflegte Opa am Tisch bediente sich inzwischen bei Luzias übrig gebliebenen Pommes.

„Kein Thema, Hanne. Kann passieren. Solange dein Lappen nicht futsch ist, geht's ja. Hör zu: Komm' doch morgen mit, wenn du magst. Ein Weihnachtskonzert für Kinder unter dem Motto ‚So ein Licht!' Wahrscheinlich mit Kerzen und Blockflöten und Pfarrer und allem pipapo."

Luzia merkte, wie sich ihre Mutter entspannte. Unaufgefordert räumte das Kind die Verpackungen zusammen, behielt dabei den fremden Tischgast im Auge und trug das Tablett zum Müllschlucker. Hanne nahm

ihr Handy in die andere Hand. „Äh wie? Na schön. Und du meinst …"
„… ich meine, wir sollten da zu dritt hingehen, ja. Natürlich nur, wenn du kannst. Ist doch bald Weihnachten, hm? Es wäre um 18.00 Uhr im Volvo-Autohaus an der Stadtautobahn."
„Im Autohaus? Ein Kindergottesdienst?!"
„Ja, das ist ja der Gag an der Sache: Bei den Schweden ist am 13. Dezember Luzia-Fest. Sie feiern wohl eine Heilige. Und hier veranstalten die Firma Volvo und die Kirchengemeinde das halt gemeinsam. Da kriegen die Mädchen so Kerzenkränze aufs Haar gesteckt. Stell dir mal unsere kleine Süße als Betschwester mit leuchtendem Kranz im Haar vor!" Klaus lachte ins Telefon, dass man es noch in der Geräuschkulisse eines Burger King aus dem Handy schnarren hörte.Hanne musste lächeln. Luzia kam neugierig näher gerückt.
„Aber verrate ihr nichts, ja? Ciao, bis morgen."
„Was hat der Papa gesagt? Ist der nicht böse wegen dem roten Radarblitz?" Hanne hörte die Fragen gar nicht. Versenkte das Handy in ihrer Handtasche, kramte den Autschlüssel heraus und stand auf. „So ein Licht, mein Liebes, hab ich auch noch nie gesehen. Wirklich toll, was?"

4. Dezember

Die Entdeckung des Weihnachtssterns

Manfred Hausmann

Da der Winter mit den funkelnden Sternennächten vor der Tür steht, haben Christoph und Görge sich einen Linsensatz für zwei Mark sechzig kommen lassen und sind allen Ernstes dabei, ein Himmelsfernrohr zu erbauen. Es soll sogar parallaktisch aufgehängt werden. Der kleine Martin geht einige Tage mit den Händen in den Taschen um die Arbeitenden herum und fragt sie hin und wieder etwas. Dann zieht er sich in sein Kämmerchen zurück.

„Christoph und Görge“, sagt er eines Abends beim Essen, „glaubt ihr, dass ich hiermit einen Stern erkennen kann?“ Er holt, sich auf dem Stuhl zur Seite neigend, eine leere Zwirnrolle aus der Tasche, hält sie vors Auge und richtet sie auf die Lampe über dem Tisch. „Das soll nämlich mein Fernrohr sein.“

„Zeig mal her“, sagt Christoph lachend. „Und hier habe ich eine Linse vorgemacht. Glaubst du, dass ich damit einen Stern erkennen kann?“

Christoph blinzelt hindurch. „Natürlich kann man damit einen Stern erkennen. Alles kann man damit erkennen. Nicht ganz so gut wie mit dem bloßen Auge, aber immerhin."

Der Vater möchte gern wissen, um was für eine Linse es sich handelt. Christoph reicht ihm die Rolle. Die Linse besteht aus einer kleinen dreieckigen Glasscherbe, die Martin mit Blauköpfen vor die Öffnung der Rolle genagelt hat. „Das ist ja ein wunderbares Fernrohr", sagte der Vater. Indem er sein Auge zukneift und gleichfalls die Lampe betrachtet. Es rieselt etwas durch ihn hindurch. Rührung, Glück, Dankbarkeit, eine warme und zärtliche Empfindung.

„Glaubst du, dass ich damit einen Stern erkennen kann?"

„Jeden Stern kannst du damit erkennen. Komm, hier hast du dein Fernrohr wieder."

Aber die Mutter bittet darum, es auch einmal ausprobieren zu dürfen. Nachdem sie es von allen Seiten bewundert hat, sieht sie hindurch. Dann stellt sie es vorsichtig zurück auf den Tisch, legt die Hände vor ihr Gesicht, zieht sie ein bisschen herab und wirft dem Vater über die Fingerspitzen hinweg einen dunklen, strahlenden Blick zu.

„Kann ich eigentlich den Mond auch damit erkennen?", fragt Martin. Görge wirft ein, heute Abend gebe es keinen Mond. „Aber Sterne?" „Sterne genug."

„Dann will ich mal zwei Sterne ... drei Sterne will ich mal mit meinem Fernrohr erkennen."

Sowie das Abendbrot beendet ist, läuft Martin auf die Terrasse und sucht den Himmel mit seiner Zwirnrolle ab.

Nach einer Viertelstunde schiebt er sich in die Bibliothek und wartet, dass der Vater, der dort Zeitung liest, einmal aufblickt.
„Na, Martin?"
„Leider kann ich damit keinen richtigen Stern erkennen."
„Warum denn nicht?"
„Na, ich kann nur Punkte erkennen."
„So sehen die Sterne eben aus. Wie Punkte."
„In meinem Bilderbuch sehen sie aber gaaaanz anders aus. Weißt doch, mit so Zacken drumherum und so."
Der Vater denkt, die Bilderbuchmaler täten auch besser daran, bei der Wahrheit zu bleiben. Nun kann er zusehen, wie er dem armen Martin über die Enttäuschung hinweghilft, die sie verschuldet haben.
„Die gewöhnlichen Sterne sehen tatsächlich wie Punkte aus. Und wenn du durch Christophs und Görges Fernrohr guckst, dann sehen sie immer noch wie Punkte aus. Da hilft nichts. Etwas anderes ist es aber mit dem Weihnachtsstern. Der hat wohl diesen herrlichen Glanz und die Strahlen und alles."
„Kann ich den Weihnachtsstern denn mal mit meinem Fernrohr erkennen?"
„Ich glaube nicht, Martin. Er scheint in unserer Zeit nicht mehr am Himmel. Ich hab ihn jedenfalls noch nie gesehen."
„Wie schaaaaade."
Und dann kommt der Abend, an dem Christoph und Görge ihr Fernrohr zum ersten Male im Freien aufstel-

len, um die Wunder der Himmelswelt zu erforschen. Es ist inzwischen bitterkalt geworden, bald wird Weihnachten sein, der frisch gefallene Schnee glitzert im Sternenlicht. Die übrige Familie nimmt, in Mäntel gehüllt, an dem Ereignis Anteil. Aber Christoph und Görge haben vor lauter Leidenschaft nicht einmal ihre Jacken an. Sie wollen versuchen, die Monde des Jupiter zu beobachten. So einfach scheint es indessen nicht zu sein, eines bestimmten Sternes habhaft zu werden. Man darf das Fernrohr nur mit den Fingerspitzen berühren, denn die kleinste Berührung lässt die tanzenden Pünktchen wieder verschwinden.

„Trampel doch nicht so laut hier herum, Viola!"

„Welcher ist denn der Jupiter?", fragt Martin.

Der Vater führt den Blick des Jungen von einem dunklen Föhrenwipfel zum Gürtel des Orion und von dort über den Aldebaran zu den Plejaden und dann zu dem leuchtenden Stern, der schräg darübersteht.

„Das ist er."

Martin zieht den Mantel hoch und kramt in seiner Hosentasche herum. Dann setzt er sein Fernrohr an, beugt den Kopf zurück und sucht den Jupiter. Mit einem Male sagt er leise zu sich selbst: „Oh!" Und dann ganz überwältigt: „Oh!"

„Was ist denn?", fragt der Vater.

„Ich erkenne den Weihnachtsstern!", flüster Martin, ohne die Zwirnrolle von seinem Auge zu nehmen.

„Wirklich? Wie sieht er denn aus?"

„Mit lauter so drum herum aus Gelb und Grün und Golden."
Da muss der Vater doch auch einmal durch Martins Fernrohr sehen. Und wirklich, es gleißt und schimmert um den Jupiter herum, dass es nur so eine Art hat. Aber der Vater erkennt auch gleich, wie das Feuerwerk zustande kommt. Auf der Glasscherbe sitzt ein fettiger Fingerabdruck über dem anderen, und in den zarten Rillen bricht sich der Sternenschein, glänzt auf und versprüht zu farbigen Strahlen.
„Uh, jetzt!", ruft Christoph. „Jetzt hab ich's. Zwei kann man sehen! Zwei Monde! Ganz deutlich!"
Viola hüpft von einem Bein aufs andere. „Ich auch mal!"
„Erst ich", sagt Görge. „Du verstehst ja doch nichts davon."
Der Vater legt das Fernrohr wieder in Martins ausgestreckte Hand und sagt, dass er noch nie in seinem Leben einen so zauberhaften Stern erblickt habe wie diesen.
„Komm, Mutti soll sich auch einmal daran erfreuen."
„Haben Christoph und Görge ihn auch erkannt?"
„Nein. Das Fernrohr von Christoph und Görge ist nur für gewöhnliche Sterne bestimmt."
„Wen sein Fernrohr findest du besser, meins oder Christoph und Görge seins?"
„Ein besseres Fernrohr als das, womit man den Weihnachtsstern erblicken kann, dürfte es wohl nirgends auf der Welt geben." „Oh!", sagt Martin.

Die Legende vom Vogelnest

Selma Lagerlöf

Hatto, der Eremit, stand in der Einöde und betete zu Gott. Es stürmte, und sein langer Bart und sein zottiges Haar flatterte um ihn, so wie die windgepeitschten Grasbüschel die Zinnen einer alten Ruine umflattern. Doch er strich sich nicht das Haar aus den Augen noch steckte er den Bart in den Gürtel, denn er hielt die Arme zum Gebet erhoben. Seit Sonnenaufgang streckte er seine knochigen behaarten Arme zum Fummel empor, eben so unermüdlich, wie ein Baum seine Zweige ausstreckt, und so wollte er bis zum Abend stehen bleiben. Er hatte etwas Großes zu erbitten.

Er war ein Mann, der viel von der Arglist und Bosheit der Welt erfahren hatte. Er hatte selbst verfolgt und gequält, und Verfolgung und Qualen anderer waren ihm zuteilgeworden, mehr als sein Herz ertragen konnte. Darum zog er hinaus auf die große Heide, grub sich eine Höhle am Flussufer und wurde ein heiliger Mann, dessen Gebete an Gottes Thron Gehör fanden.

Hatto, der Eremit, stand am Flussgestade vor seiner Höhle und betete das große Gebet seines Lebens. Er betete zu Gott, den Tag des Jüngsten Gerichts über diese böse Welt hereinbrechen zu lassen. Er rief die Posaunen blasenden Engel an, die das Ende der Herrschaft der Sünde verkünden sollten. Er rief nach den Wellen des Blutmeers, um die Ungerechtigkeit zu ertränken. Er rief nach der Pest, auf dass sie die Kirchhöfe mit Leichenhaufen erfülle.

Rings um ihn war die öde Heide. Aber eine kleine Strecke weiter oben am Flussufer stand eine alte Weide mit kurzem Stamm, der oben zu einem großen, kopfähnlichen Knollen anschwoll, aus dem neue, frischgrüne Zweige hervorwuchsen. Jeden Herbst wurden ihr von den Bewohnern des holzarmen Flachlandes diese frischen Jahresschösslinge geraubt. Jeden Frühling trieb der Baum neue geschmeidige Zweige, und an stürmischen Tagen sah man sie um den Baum flattern und wehen, so wie Haar und Bart um Hatto, den Eremiten, flatterten.

Das Bachstelzenpaar, das sein Nest oben auf dem Stamm der Weide zwischen den emporsprießenden Zweigen zu bauen pflegte, hatte gerade an diesem Tage mit seiner Arbeit beginnen wollen. Aber zwischen den heftig peitschenden Zweigen fanden die Vögel keine Ruhe. Sie kamen mit Binsenhalmen und Wurzelfäserchen und vorjährigem Riedgras geflogen, aber sie mussten unverrichteter Dinge umkehren. Da bemerkten sie den alten Hatto, der eben Gott anflehte, den Sturm siebenmal heftiger werden zu lassen, damit das

Nest der kleinen Vöglein fortgefegt und der Adlerhorst zerstört werde.

Natürlich kann kein heute Lebender sich vorstellen, wie bemoost und vertrocknet und knorrig und schwarz und menschenunähnlich solch ein alter Heidebewohner sein konnte. Die Haut lag so stramm über Stirn und Wangen, dass sein Kopf fast einem Totenschädel glich, und nur an einem kleinen Aufleuchten tief in den Augenhöhlen sah man, dass er Leben besaß. Und die vertrockneten Muskeln gaben dem Körper keine Rundung, der emporgestreckte nackte Arm bestand vielmehr nur aus ein paar schmalen Knochen, die mit verrunzelter, harter, rindenähnlicher Haut überzogen waren. Er trug einen alten, eng anliegenden schwarzen Mantel. Er war braun gebrannt von der Sonne und schwarz von Schmutz. Nur sein Haar und sein Bart waren licht, hatten sie doch Regen und Sonnenschein bearbeitet, bis sie dieselbe graugrüne Farbe angenommen hatten, wie die Unterseite der Weidenblätter.

Die Vögel, die umherflatterten und einen Platz für ihr Nest suchten, hielten Hatto, den Eremiten, auch für eine alte Weide, die ebenso wie die andre durch Axt und Säge in ihrem Himmelssterben gehemmt worden war. Sie umkreisten ihn viele Male, flogen weg und kamen zurück, merkten sich den Weg zu ihm, berechneten seine Lage im Hinblick auf Raubvögel und Stürme, fanden sie recht unvorteilhaft, aber entschieden sich doch für ihn, wegen seiner Nähe zum Flusse und dem

Riedgras, ihrer Vorratskammer und ihrem Speicher. Eines der Vögelchen schoss pfeilschnell herab und legte sein Wurzelfäserchen in die ausgestreckte Hand des Eremiten.

Der Sturm hatte gerade aufgehört, sodass das Wurzelfäserchen ihm nicht sogleich aus der Hand gerissen wurde, aber in den Gebeten des Eremiten gab es kein Aufhören. „Mögest du bald kommen, o Herr, und diese Welt des Verderbens vernichten, auf dass die Menschen sich nicht mit noch mehr Sünden beladen. Möchtest du die Ungebornen vom Leben erlösen! Für die Lebenden gibt es keine Erlösung."

Nun setzte der Sturm wieder ein, und das Wurzelfäserchen flatterte aus der großen, knochigen Hand des Eremiten fort. Aber die Vogel kamen wieder und versuchten die Grundpfeiler des neuen Heims zwischen seine Finger einzukeilen. Da legte sich plötzlich ein plumper, schmutziger Daumen über die Halme und hielt sie fest, und vier Finger wölbten sich über die Handfläche, sodass eine friedliche Nische entstand, in der man bauen konnte. Doch der Eremit fuhr in seinen Gebeten fort.

„Herr, wo sind die Feuerwolken, die Sodom verheerten? Wann öffnest du des Himmels Schleusen, die die Arche zum Berge Ararat erhoben? Ist das Maß deiner Geduld nicht erschöpft und die Schale deiner Gnade leer? O Herr, wann kommst du aus deinem sich spaltenden Himmel?"

Und vor Hatto, dem Eremiten, tauchten die Fiebervisionen vom Tag des Jüngsten Gerichtes auf. Der Boden erbebte, der Himmel glühte. Unter dem roten Firmament sah er schwarze Wolken von fliehenden Vögeln. Über den Boden wälzte sich eine Schar flüchtender Tiere. Doch während seine Seele von diesen Fiebervisionen erfüllt war, begannen seine Augen dem Flug der kleinen Vögel zu folgen, die blitzschnell hin- und herflogen und mit einem vergnügten kleinen Piepsen ein neues Hälmchen in das Nest fügten.

Der Alte ließ es sich nicht einfallen, sich zu rühren. Er hatte das Gelübde getan, den ganzen Tag stillstehend mit emporgestreckten Händen zu beten, um so unsern Herrn zu zwingen, ihn zu erhören. Je matter sein Körper wurde, desto lebendiger wurden die Gesichte, die sein Hirn erfüllten. Er hörte die Mauern der Städte zusammenbrechen und die Wohnungen der Menschen einstürzen. Schreiende, entsetzte Volkshaufen eilten an ihm vorbei, und ihnen nach jagten die Engel der Rache und der Vernichtung, hohe, silbergepanzerte Gestalten mit strengem, schönen Antlitz, auf schwarzen Rossen reitend und Geißeln schwingend, die aus weißen Blitzen geflochten waren.

Die kleinen Bachstelzen bauten und zimmerten fleißig den ganzen Tag, und die Arbeit machte große Fortschritte. Auf dieser hügeligen Heide mit ihrem steifen Riedgras und an diesem Flussufer mit seinem Schilf und seinen Binsen war kein Mangel an Baustoff. Sie fanden weder Zeit zur Mittagsrast noch zur Vesperruhe. Glühend vor Eifer und Vergnügen flogen sie hin und her, und ehe der Abend anbrach, waren sie schon beim Dachfirst angelangt.

Aber ehe der Abend anbrach, hatten sich die Blicke des Eremiten mehr und mehr auf sie geheftet. Er folgte ihnen auf ihrer Fahrt, er schalt sie aus, wenn sie sich dumm anstellten, er ärgerte sich, wenn der Wind ihnen Schaden tat, und am allerwenigsten konnte er es vertragen, wenn sie sich ein bisschen ausruhten.

So sank die Sonne, und die Vogel suchten ihre vertrauten Ruhestätten im Schilf. auf.

Wer abends über die Heide geht, muss sich herabbeugen, sodass sein Gesicht in gleicher Höhe mit den Erdhügelchen ist, dann wird er sehen, wie sich ein wunderliches Bild von dem lichten Abendhimmel abzeichnet. Eulen mit großen, runden Flügeln huschen über das Feld, unsichtbar für den, der aufrecht steht. Nattern ringeln sich heran, geschmeidig, bebend, die schmalen Köpfchen auf schwanähnlich gebogenen Hälsen erhoben. Große Kröten kriechen träge vorbei. Hasen und Wasserratten fliehen vor den Raubtieren, und der Fuchs springt nach einer Fledermaus, die Mücken über dem Fluss jagt. Es ist, als hätte jedes Erdhügelchen Leben bekommen. Doch unterdessen schlafen die kleinen Vögelchen auf dem schwankenden Schilf, geborgen vor allem Bösen auf diesen Ruhestätten, denen kein Feind nahen kann, ohne dass das Wasser ausplätschert oder das Schilf zittert und sie aufweckt.

Als der Morgen kam, glaubten die Bachstelzchen zuerst, die Ereignisse des gestrigen Tages seien ein schöner Traum gewesen.
Sie hatten ihre Merkzeichen gemacht und flogen geradeswegs auf ihr Nest zu, aber das war verschwunden. Sie guckten suchend über die Heide hin und erhoben sich gerade in die Luft, um zu spähen. Keine Spur von einem Nest oder einem Baum. Schließlich setzten sie sich auf ein paar Steine am Flussufer und grübelten nach. Sie wippten mit dem langen Schwanz und drehten das Köpfchen. Wohin war Baum und Nest gekommen?
Doch kaum hatte sich die Sonne um eine Handbreit über den Waldgürtel auf dem jenseitigen Flussufer erhoben, als ihr Baum gewandert kam und sich auf denselben Platz stellte, den er am vorigen Tage eingenommen. Er war ebenso schwarz und knorrig wie damals und trug ihr Nest auf der Spitze von etwas, was wohl ein dürrer, aufrecht ragender Ast sein musste.
Da begannen die Bachstelzchen wieder zu bauen, ohne weiter über die vielen Wunder der Natur nachzugrübeln. Hatto, der Eremit, der die kleinen Kinder von seiner Höhle fortscheuchte und ihnen sagte, es wäre besser für sie, wenn sie niemals das Licht der Sonne gesehen hätten, er, der in den Schlamm hinausstürzte, um den fröhlichen jungen Menschen, die in bewimpelten Booten den Fluss hinaufruderten, Verwünschungen nachzuschleudern; er, vor dessen bösem Blick die

Hirten der Heide ihre Herden behüteten, kehrte nicht zu seinem Platz am Fluss zurück, den kleinen Vögeln zuliebe. Aber er wusste, dass nicht nur jeder Buchstabe in den heiligen Büchern seine verborgene mystische Bedeutung hat, sondern auch alles, was Gott in der Natur geschehen lässt. Jetzt hatte er herausgefunden, was es bedeuten konnte, dass die Bachstelzchen ihr Nest in seiner Hand bauten; Gott wollte, dass er mit erhobenen Armen betend dastehen sollte, bis die Vögel ihre Jungen aufgezogen hatten, und vermochte er dies, so sollte er erhört werden.

Doch an diesem Tage sah er immer weniger Visionen des Jüngsten Gerichtes. Stattdessen folgte er immer eifriger mit seinen Blicken den Vögeln. Er sah das Nest rasch vollendet. Die kleinen Baumeister flatterten rund herum und besichtigten es. Sie holten ein paar kleine Moosflechten von der wirklichen Weide und klebten sie außen an, das sollte anstatt Tünche oder Farbe sein. Sie holten das feinste Wollgras, und das Weibchen nahm Flaum von seiner eignen Brust und bekleidete das Nest innen damit, das war die Einrichtung und Möblierung.

Die Bauern, die die verderbliche Macht fürchteten, die die Gebete des Eremiten an Gottes Thron haben konnten, pflegten ihm Brot und Milch zu bringen, um seinen Groll zu besänftigen. Sie kamen auch jetzt und fanden ihn regungslos dastehen, das Vogelnest in der Hand.

„Seht, wie der fromme Mann die kleinen Tiere liebt“, sagten sie und fürchteten sich nicht mehr vor ihm, sondern hoben den Milcheimer an seine Lippen und führten ihm das Brot zum Munde. Als er gegessen und getrunken hatte, verjagte er die Menschen mit bösen Worten, aber sie lächelten nur über seine Verwünschungen.

Sein Körper war schon lange seines Willens Diener geworden. Durch Hunger und Schläge, durch tagelanges Knien und wochenlange Nachtwachen hatte er ihn Gehorsam gelehrt. Nun hielten stahlharte Muskeln seine Arme tage- und wochenlang emporgestreckt, und während das Bachstelzenweibchen auf den Eiern lag und das Nest nicht mehr verließ, suchte er nicht einmal nachts seine Höhle auf. Er lernte es, sitzend mit emporgestreckten Armen zu schlafen, unter den Freunden der Wüste gibt es so manche, die noch größere Dinge vollbracht haben.

Er gewöhnte sich an die zwei kleinen, unruhigen Vogelaugen, die über den Rand des Nestes zu ihm hinabblickten. Er achtete auf Hagel und Regen und schützte das Nest so gut er konnte. Eines Tages kann das Weibchen seinen Wachtposten verlassen. Beide Bachstelzchen sitzen auf dem Rand des Nestes, wippen mit den Schwänzchen und beratschlagen und sehen seelenvergnügt aus, obgleich das ganze Nest von einem ängstlichen Piepsen erfüllt scheint. Nach einem kleinen Weilchen ziehen sie auf die allerverwegenste Mückenjagd aus. Eine Mücke nach der andern wird gefangen und heimgebracht für das, was oben in seiner Hand piepst. Und als das Futter kommt, da piepsen sie am allerärgsten. Den frommen Mann stört das Piepsen in seinen Gebeten.

Und sachte, sachte sinkt sein Arm auf Gelenken herab, die beinahe die Gabe, sich zu rühren, verloren haben, und seine kleinen Glutaugen starren in das Nest herab. Niemals hatte er etwas so hilflos Häßliches und Armseliges gesehen: kleine, nackte Körperchen mit ein paar spärlichen Fläumchen, keine Augen, keine Flugkraft, eigentlich nur sechs große, aufgerissene Schnäbel.

Es kam ihm selbst wunderlich vor, aber er mochte sie gerade so leiden, wie sie waren. Die Alten hatte er ja niemals von dem großen Untergang ausgenommen, aber wenn er von nun an Gott anflehte, die Welt durch Vernichtung zu erlösen, da machte er eine stillschweigende Ausnahme für diese sechs Schutzlosen.

Wenn die Bäuerinnen ihm jetzt Essen brachten, dann dankte er ihnen nicht mit Verwünschungen. Da er für die Kleinen dort oben notwendig war, freute er sich, dass die Leute ihn nicht verhungern ließen.

Bald guckten den ganzen Tag sechs runde Köpfchen über den Nestrand. Des alten Hatto Arm sank immer häufiger zu seinen Augen hernieder. Er sah die Federn aus der roten Haut sprießen, die Augen sich öffnen, die Körperformen sich runden. Glückliche Erben der Schönheit, die die Natur den beflügelten Bewohnern der Luft geschenkt, entwickelten sie bald ihre Anmut.

Und unterdessen kamen die Gebete um die große Vernichtung immer zögernder aber Hattos Lippen. Er glaubte Gottes Zusicherung zu haben, dass sie hereinbrechen würde, wenn die kleinen Vögelchen flügge waren. Nun stand er da und suchte gleichsam nach einer Ausflucht vor Gottvater. Denn diese sechs Kleinen, die er beschützt und behütet hatte, konnte er nicht opfern. Früher war es etwas andres gewesen, als er noch nichts hatte, was sein eigen war. Die Liebe zu den Kleinen und Schutzlosen, die jedes kleine Kind die großen, gefährlichen Menschen lehren muss, kam über ihn und machte ihn unschlüssig.

Manchmal wollte er das ganze Nest in den Fluss schleudern, denn er meinte, dass die beneidenswert sind, die ohne Sorgen und Sünden sterben dürfen. Musste er die Kleinen nicht vor Raubtieren und Kälte, vor Hunger und den mannigfaltigen Heimsuchungen des Lebens bewahren? Aber gerade als er noch so dachte, kam der Sperber auf das Nest herabgesaust, um die Jungen zu töten. Da ergriff Hatto den Kühnen mit seiner linken Hand, schwang ihn im Kreise über seinem Kopf und schleuderte ihn mit der Kraft des Zornes in den Fluss.

Und der Tag kam, an dem die Kleinen flügge waren. Eines der Bachstelzchen mühte sich drinnen im Nest, die Jungen auf den Rand hinauszuschieben, während das andre herumflog und ihnen zeigte, wie leicht es war, wenn sie es nur zu versuchen wagten. Und als die

Jungen sich hartnäckig fürchteten, da flogen die beiden Alten fort und zeigten ihnen ihre allerschönste Fliegekunst. Mit den Flügeln schlagend beschrieben sie verschiedene Windungen, oder sie stiegen auch gerade in die Höhe wie Lerchen oder hielten sich mit heftig zitternden Schwingen still in der Luft.
Aber als die Jungen noch immer eigensinnig bleiben, kann Hatto es nicht lassen, sich in die Sache einzumischen. Er gibt ihnen einen behutsamen Puff mit dem Finger, und damit ist alles entschieden. Herausfliegen sie, zitternd und unsicher, die Luft peitschend wie Fledermäuse, sie sinken, aber erheben sich wieder, begreifen, worin die Kunst besteht, und verwenden sie dazu, so rasch als möglich das Nest wieder zu erreichen. Die Alten kommen stolz und jubelnd zu ihnen zurück, und der alte Hatto schmunzelt.
Er hatte doch in der Sache den Ausschlag gegeben.
Er grübelte nun in vollem Ernst nach, ob es für unsern Herrgott nicht auch einen Ausweg geben konnte.
Vielleicht, wenn man es so recht bedachte, hielt Gottvater diese Erde wie ein großes Vogelnest in seiner Rechten, und vielleicht hatte er Liebe zu denen gefasst, die dort wohnen und hausen, zu allen schutzlosen Kindern der Erde. Vielleicht erbarmte er sich ihrer, die er zu vernichten gelobt hatte, so wie sich der Eremit der kleinen Vogel erbarmte.
Freilich waren die Vögel des Eremiten um vieles besser als unsers Herrgotts Menschen, aber er konnte

doch begreifen, dass Gottvater dennoch ein Herz für sie hatte.
Am nächsten Tage stand das Vogelnest leer, und die Bitterkeit der Einsamkeit bemächtigte sich des Eremiten. Langsam sank sein Arm an seiner Seite herab, und es deuchte ihn, dass die ganze Natur den Atem anhielt, um dem Dröhnen der Posaune des Jüngsten Gerichts zu lauschen. Doch in demselben Augenblick kamen alle Bachstelzen zurück und setzten sich ihm auf Haupt und Schultern, denn sie hatten gar keine Angst vor ihm. Da zuckte ein Lichtstrahl durch das verwirrte Hirn des alten Hatto. Er hatte ja den Arm gesenkt, ihn jeden Tag gesenkt, um die Vögel anzusehen. Und wie er dastand, von allen sechs Jungen umflattert und umgaukelt, nickte er jemandem, den er nicht sah, vergnügt zu. „Du bist frei", sagte er, „du bist frei. Ich hielt mein Wort nicht, und so brauchst du auch deines nicht zu halten."
Und es war ihm, als hörten die Berge zu zittern auf und als legte sich der Fluss gemächlich in seinem Bett zur Ruhe.

6. Dezember

Wie der heilige Nikolaus die Mitra erfunden hat

Andreas Knapp

Meist waren Himmel und Meer von Myra tiefblau. Die kleine Hafenstadt in der geschützten Bucht an der Küste Kleinasiens bot mit ihren weißen Häusern ein Bild des Friedens. Doch in diesem Jahr hatten die langen wolkenlosen Monate das Trinkwasser in dem malerischen Städtchen knapp werden lassen. Was aber noch schlimmer war: Die gesamte Getreideernte auf den umliegenden Feldern war aufgrund der großen Dürre völlig ausgefallen. Seit Wochen gab es kein Brot mehr und die Leute litten Hunger.

Der Bischof von Myra mit dem schönen Namen Nikolaus war sehr besorgt um die Menschen seiner Stadt. Er hatte mit den Bauern der Umgebung verhandelt und die letzten Reserven Getreide in die Stadt bringen lassen, damit vor allem die Kinder nicht vor Hunger sterben müssen. Doch nun waren auch diese Vorräte aufgebraucht.

An einem milden Abend ging Nikolaus durch die engen Gassen der Stadt. Er hörte, wie in den Häusern die Kinder weinten und die Mütter und Väter vor Kummer seufzten. Es brach dem Bischof schier das Herz und er

beschloss seinen Rundgang in der kleinen Kirche von Myra, wo er Gott die Not der Stadt klagte.
Am nächsten Morgen hatte sich das gewohnte Blau des Himmels in ein trübes Grau verwandelt. Ein Sturm kam auf und bald setzte ein heftiger Regen ein. Endlich gab es wieder frisches Wasser, aber an Getreide fehlte es immer noch.
Nikolaus feierte in der Kirche von Myra einen Dankgottesdienst, da hörte er laute Stimmen durch die Gassen rufen: „Ein Schiff! Ein Schiff!" Schnell eilte Nikolaus mit seinem langen weißen Gewand bekleidet zum Hafen hinunter, den Hirtenstab in der Hand. Tatsächlich: Ein mächtiges Schiff näherte sich der Hafeneinfahrt. Das war ungewöhnlich, denn die großen Handelsschiffe steuern die Bucht von Myra normalerweise nicht an. Der Kapitän dieses Schiffes aber suchte anscheinend einen sicheren Ankerplatz, weil draußen immer noch ein heftiger Seesturm tobte.
Nikolaus ließ sich zum Schiff rudern, das schwer mit Getreide beladen war und einem reichen Kaufmann aus Konstantinopel gehörte. Dieser schaute auf den Mann mit dem langen weißen Gewand und dem Stab in der Hand verächtlich herab. Nikolaus aber sprach ihn ruhig an:
„Die Bewohner der Stadt Myra sind Christen und ich bin ihr Bischof, das ist so etwas wie ein Hirte. Ich bitte dich, uns Getreide zu verkaufen, da die Bewohner der Stadt schon seit Wochen an Hunger leiden."

Der Kaufmann blieb ungerührt.
„Deine Religion interessiert mich nicht. Mich interessiert nur eines: Habt ihr Gold? Du weißt, dass in diesem Jahr aufgrund der schlechten Ernten Getreide sehr wertvoll ist. Ich habe bestes Korn aus Ägypten an Bord und werde dafür in Konstantinopel einen hohen Preis erzielen. Wie viel Gold kannst du mir bieten?"
Nikolaus runzelte die Stirn und antwortete:
„Man sollte aus der Not anderer keinen Gewinn ziehen. Aber ich will sehen, was wir an Gold zusammentragen können."
Als der Bischof eine Stunde später wieder auf dem Schiff erschien, konnte er nur eine kleine Schatulle mit wenigen Münzen und etwas Goldschmuck anbieten. Die Bewohner der Stadt hatten den größten Teil ihrer Wertsachen schon an die Bauern der Umgebung abgegeben, um dafür Getreide zu erhalten. Als der Händler das wenige Geld sah, lachte er laut auf.
„Der Preis für Weizen ist in diesem Jahr sehr hoch. Für diese kleine Menge an Gold kann ich dir nur drei, vier Säcke Getreide geben."
Nikolaus schaute dem Kaufmann ruhig ins Gesicht:
„Denk an die Kinder!"
Der Kaufmann aber brummte: „Und wer denkt an mich?"
Nach kurzem Schweigen machte er Nikolaus einen Vorschlag.
„Also gut. Ich nehme das bisschen Gold, das du mir anbietest. Dafür darfst du morgen den ganzen Tag über

Getreide entladen. Siehst du die Luke hier? Wenn dein Boot unterhalb der Luke festgemacht wird, kannst du den Weizen aus der Luke heraus in das Boot schütten."
Nikolaus atmete schon auf, aber der Kaufmann hatte noch nicht geendet.
„Doch nur unter einer Bedingung: Du darfst kein Schöpfgefäß in den Laderaum mitnehmen."
Nikolaus verzog das Gesicht.
„Ich darf das Getreide also nur mit meinen Händen ins Boot schütten?"
„Du hast einen ganzen Tag Zeit, vom Sonnenaufgang bis zum Untergang. Das ist mein letztes Angebot." Der Kaufmann lächelte eisig.
Die Augen des Bischofs blitzten kurz auf. Dann fragte Nikolaus mit ruhiger Stimme:
„Darf ich in meiner Amtskleidung als Bischof kommen?"
Der Kaufmann wandte sich an den Steuermann seines Schiffes und fragte im Flüsterton:
„Weißt du, wie ein Bischof gekleidet ist?"
Der Steuermann nickte: „Das weiße Gewand und der Stab, das ist alles."
Der reiche Händler aus Konstantinopel wandte sich wieder an Bischof Nikolaus.
„Das Geschäft ist abgemacht. Ich behalte das Gold – und du kannst morgen von Sonnenaufgang an Getreide entladen."
Als Nikolaus wieder an Land war, ging er als Erstes zum Schmied und schaute sich in dessen Werkstatt um. Er

griff nach den Eimern, die aus dünnem Kupfer gehämmert waren.
„Kannst du mir daraus eine Kopfbedeckung machen?“
Der Schmied starrte den Bischof ungläubig an.
„Ich brauche einen Hut! Bitte bearbeite den Eimer so, dass er mir nicht mehr über den Kopf rutschen kann.“
Mit ein paar gezielten Hammerschlägen hatte der Schmied für Nikolaus einen merkwürdigen Hut angefertigt, der ihm genau auf den Kopf passte und nach oben spitz zulief.
Nikolaus setzte den Hut auf und ließ sich von der Frau des Schmieds einen Bronzespiegel bringen. Als er sich mit dem sonderbaren Ungetüm auf dem Kopf erblickte, konnte er sich vor Lachen kaum halten und auch der Schmied und seine Frau amüsierten sich köstlich. „Was hast du vor, Nikolaus?“, wollte der Schmied wissen.
„Ich brauche eine neue Amtskleidung als Bischof. Bisher gab es nur das weiße Gewand und den Hirtenstab. Aber es braucht doch auch eine besondere Kopfbedeckung!“
„Ich werde diesen ulkigen Hut mit feinem Stoff umhüllen“, schlug die Frau des Schmieds vor. „Dann siehst du darin vornehmer aus als mit einem Blecheimer auf dem Kopf.“
Wieder mussten die drei herzhaft lachen. Dann machte sich die Frau des Schmieds an die Arbeit.
Am nächsten Morgen zog Nikolaus kurz vor Sonnenaufgang in seiner neuen Amtskleidung durch die Stra-

ßen. Die Leute lachten über die merkwürdige Form des Hutes, der nun mit goldgelbem Seidenstoff bezogen war, auf dem ein rotes Kreuz leuchtete. Nikolaus musste zunächst auch grinsen, dann aber schärfte er den Bewohnern von Myra ein, dass sie ihn mit ernster Miene zum Schiff begleiten sollten.

Der Kaufmann staunte nicht schlecht, als Nikolaus mit Gewand, Stab und Hut sein Schiff betrat. Er warf dem Steuermann einen fragenden Blick zu, doch der zuckte nur mit den Schultern. Der reiche Getreidehändler schaute etwas argwöhnisch auf die eigentümliche Kopfbedeckung des Bischofs. Doch dann war er beruhigt, denn ein Hut aus dünnem Seidenstoff konnte sicher nicht als Schöpfgefäß benutzt werden.

Nikolaus stieg in den Laderaum hinab, die Luke wurde geöffnet und ein Boot mit einem großen Bottich fuhr direkt unter die Luke. In diesem Augenblick fielen die ersten Sonnenstrahlen auf das Schiff und die Leute am Ufer riefen laut: „Nikolaus! Nikolaus!"

Wenig später schon rieselte eine große Menge Getreide aus der Luke in den Bottich. Und wieder eine. Der Kaufmann erbleichte. Das war viel, viel mehr, als man mit beiden Händen schöpfen konnte. Wenige Minuten später war der Bottich gefüllt und das nächste Boot fuhr unter die Luke des Schiffes.

Boot um Boot wurde gefüllt und um die Mittagszeit standen schon viele gefüllte Getreidesäcke im Hafen von Myra. Doch Bischof Nikolaus schien nicht zu ermüden. Ohne Unterbrechung schöpfte er mit seinem Eimer-Hut Getreide und schüttete es in die Bottiche der Boote. Als die Sonne unterging, war so viel Getreide an Land gebracht worden, dass die Bevölkerung der kleinen Stadt für viele Wochen mit Brot versorgt werden konnten.

Nikolaus stieg an Deck und ging auf den Kaufmann zu. Mit dem Hut auf dem Kopf und dem Hirtenstab in seiner Rechten hatte er trotz seines staubigen Gewandes ein würdevolles Aussehen. Der Kaufmann knirschte mit den Zähnen.

„Ich habe ein schlechtes Geschäft gemacht! Aber du, du hast dir heute eine große Geldsumme verdient!"

Nikolaus schaute den Kaufmann verständnislos an. Dieser fuhr fort:

„Was lässt du dir denn für ein Pfund Getreide bezahlen?"

„Ich lasse mir gar nichts bezahlen! Ich bin der Bischof dieser Menschen. Wenn ich ihnen helfe, dann ist das für mich so etwas wie ein Gottesdienst."

„Ein Gottesdienst? Was ist das für ein Gott, an den du glaubst?"

„Wir glauben an Jesus Christus. Er war ein Freund der Armen und der Sünder. Er hat den Hungernden zu essen gegeben, ohne dafür Geld zu nehmen. Er hat Menschen geheilt, ohne Bezahlung. Dadurch hat er uns gezeigt, dass Gott der Freund aller Menschen ist. Wir versuchen daher, uns als Freunde zu behandeln. Und

Freunden gibt man doch kein Geld, wenn sie einem in der Not helfen."

Bischof Nikolaus schaute dem Kaufmann tief in die Augen.

„Hast du Freunde?"

Der Händler senkte seinen Blick.

„Ich habe Gold, Schiffe und große Häuser. Aber ob ich Freunde habe …"

Nikolaus drückte dem Kaufmann zum Abschied lange die Hand.

„Wenn du wieder durch diese Gewässer segelst, besuche mich! Du bist mir willkommen – auch wenn du kein Getreide an Bord hast."

Als das Schiff aufs offene Meer hinaussegelte, schaute Nikolaus ihm noch lange nach. Dann ging er zum Schmied, um sich für dessen Hilfe zu bedanken. In den Gassen der Stadt duftete es nach frischem Brot und aus den Häusern drangen fröhliche Kinderstimmen nach draußen.

Nikolaus ließ sich vom Schmied gerne zum Essen einladen. Plötzlich waren vor der Haustür laute Rufe zu hören. Die Menschen von Myra hatten sich auf dem kleinen Platz draußen versammelt, um Nikolaus zu danken.

„Hoch lebe unser Bischof Nikolaus!", „Dank dir, Nikolaus!", „Du hilfst uns – mit Rat und Tat!", so tönten die Stimmen durcheinander.

Nikolaus stand auf, nahm seinen Stab zur Hand und wollte hinausgehen. Die Frau des Schmieds eilte ihm hinterher, mit dem Eimer-Hut in der Hand.
„Den musst du jetzt immer aufsetzen!", lachte sie. Nikolaus schüttelte den Kopf.
„Doch!", meinte jetzt auch der Schmied. „Aber wir brauchen noch einen Namen für diesen lustigen Hut."
Die Sprechchöre draußen wurden immer lauter.
„Nikolaus, mit Rat und Tat! Mit Rat und Tat! Mit Ra…"
„Das ist doch ein schöner Name", lachte Nikolaus und trat vor die Tür. „Mit-ra!"
So hat also der gute Bischof Nikolaus von Myra vor vielen Jahrhunderten die Mitra erfunden. Und bis heute erinnern die hohen Hüte der Bischöfe daran, dass wahre Größe darin besteht, sich für das Leben der kleinen Leute einzusetzen und ihnen mit Rat und Tat zu helfen.

Lilly und die Sache mit Frau Schmidt

Karla Schniering

Lilly war gerade dabei, in ihrem Kinderzimmer den vorletzten Umzugskarton auszupacken, als sie ein lautes Krachen hörte. Sie sprang auf und rannte zum Fenster. Auch das noch, dachte sie. Onkel Peter hatte mit seinem Anhänger den Gartenzaun der Nachbarin flachgelegt. Nein, nicht ganz, nur die Ecke. Aber immerhin. Der Pfosten hatte sozusagen Totalschaden. Und dann hörte sie sie schon. Frau Schmidt! Die Bewohnerin der anderen Hälfte des Doppelhauses. Pensionierte Lehrerin und sehr groß, sehr ernst, mit hängenden Mundwinkeln und einem grauen Haarschopf. Sie stand in der Haustür und schimpfte. „Das wird ein Nachspiel haben!" Lilly sah, dass ihr Vater beruhigend auf Frau Schmidt einredete, aber dann hörte sie nur noch einen Knall. Offensichtlich hatte die alte Frau die Haustür zugeknallt.
„Das einzig Nette an der alten Dame ist ihr Hund", hörte Lilly ihre Mutter unten schimpfen.
Lilly grinste. Das stimmte. Der kleine Rauhaardackel war wirklich süß, aber Lilly durfte nicht mit ihm spielen. Gut, sie hatte noch gar nicht gefragt, aber irgendwie traute

sie sich auch nicht. Frau Schmidt hatte den Ruf, sehr „unzugänglich" zu sein, so hatte es der Vermieter ausgedrückt. Lilly mit ihren neun Jahren wusste nur, dass unzugänglich bedeutete, dass Frau Schmidt mit niemandem was zu tun haben wollte. Jetzt war Advent, und wenn alles ausgepackt war, wollten sie in den nächsten Tagen gemeinsam Weihnachtsplätzchen backen.

Am Nachmittag war Lilly gerade dabei, im Garten einen Platz für ihre Schaukel zu suchen. Sie stapfte durch den Schnee, als sie von nebenan Gebell hörte. Lilly blieb stehen und lauschte. Der kleine Dackel kläffte wie verrückt. Das war merkwürdig, normalerweise hörte man ihn gar nicht. Neugierig ging Lilly zum Zaun, der die Grundstücke trennte. Sie kämpfte sich durch die Äste der blattlosen Sträucher, die davorstanden, und blickte vorsichtig hinüber. Das Gebell kam aus der unteren Etage. Lilly beugte sich weit vor, bis sie die Terrassentür sehen konnte. Die Gardine war zurückgezogen, und der kleine Dackel stand am Fenster und bellte sich die Seele aus dem Leib. Lilly sah noch genauer hin und rief dann laut: „Hallo! Hallo!"

Da sah sie, wie sich eine Hand irgendwie vom Boden hob und winkte. Aber nicht fröhlich, es sah aus wie ein Hilferuf. Da ist was passiert, dachte Lilly und raste los. Sie rannte ins Haus und rief: „Papa, Mama, die Frau Schmidt ist hingefallen, glaube ich, kommt mal schnell!"

Lillys Mutter war sofort zur Stelle, ihr Vater kam auch gleich aus der Haustür. Gemeinsam rannten sie zum

Zaun. Der Dackel bellte immer noch. Auf ihr erneutes „Hallo“ sahen sie wieder die Hand unten hinter der Scheibe auftauchen. Lillys Vater lief zum Haus zurück und kam mit zwei Stühlen wieder. Einen stellte er vor den Zaun, einen dahinter, dann stieg er rüber in den Garten von Frau Schmidt. Er rannte über die Terrasse und drückte von außen gegen die Terrassentür. Zum Glück ging die auf. Dann verschwand er, und der Dackel kam in den Garten gestürmt. Er sprang am Zaun hoch und freute sich so, dass Lilly ebenfalls über den Zaun stieg. Der Dackel überschlug sich fast vor Begeisterung.
„Maria, Lilly, ruft den Notarzt!“, rief ihr Vater plötzlich von der Terrassentür her, und Lillys Mutter lief zurück zum Haus. Lilly wehrte den Dackel ab und ging mit ihm zu ihrem Vater und Frau Schmidt. Die alte Dame lag auf dem Boden und schluchzte.
„Ich glaube, der Fuß ist gebrochen“, flüsterte Lillys Vater. Frau Schmidt setzte sich ächzend und stöhnend hin. Da rannte der kleine Dackel zu ihr und leckte ihr übers Gesicht.
„Ach Purzel, ich bin krank“, sagte Frau Schmidt, und dann begann sie zu weinen, mit dem Hund im Arm. Sie konnte sich gar nicht beruhigen. Lilly stand verlegen daneben und wusste nicht, was sie sagen sollte. Endlich kam der Notarzt. Er untersuchte kurz den Fuß von Frau Schmidt, dann legten die Sanitäter sie auf eine Trage. Bevor sie die alte Dame raustragen konnten, hielt sie Lillys Vater am Arm fest.

„Moment", sagte sie mit Tränen in der Stimme. „Bitte, könnten Sie sich um den Hund kümmern, solange ich weg bin? Sonst muss er ins Tierheim, ich habe doch niemanden mehr …"
„Ja, ja natürlich", sagte Lillys Vater, und Lilly nickte.
„Der Hausschlüssel hängt im Flur, Hundefutter ist in der Küche. Wollen Sie das wirklich machen? Ich bezahle Ihnen das auch."
„Ach was, das machen wir gerne, nicht wahr, Lilly?"
„Wir müssen los!", sagte ein Sanitäter. Und weg waren sie. Mit Frau Schmidt und ohne Purzel.
„Na, dann werden wir mal Purzels Sachen zusammensuchen und ihn mit rübernehmen. Ich denke, Mama hat nichts dagegen."
„Bestimmt nicht", grinste Lilly.
Richtig, die Mama hatte nichts dagegen, und so kam Lilly zu ihrem ersten Hund, wenn auch nur auf Zeit. Am Abend rief Frau Schmidt an. Sie entschuldigte sich wegen der Umstände und klang gar nicht gut. Dann fragte sie nach Purzel, und Lillys Vater fragte im Gegenzug, ob er jemanden benachrichtigen solle.
„Ich habe niemanden", sagte Frau Schmidt, „das sagte ich doch schon." Danach war das Gespräch auch schon fast beendet.
„Eins hat sie aber", sagte Lillys Vater, „sie hat den Fuß gebrochen. In ein paar Tagen kommt sie wieder nach Hause, mit einem Gehgips."

„Damit kann sie aber mit dem Purzel nicht spazieren gehen", meinte Lilly und streichelte den kleinen Dackel.
„Du aber", sagte ihre Mama.
„Wenn ich darf, ihr wisst doch …"
Lillys Vater lachte. „Wollen wir der lieben Frau Schmidt mal beweisen, dass sie doch jemanden hat und nicht mutterseelenallein ist? Stellt euch vor, Weihnachten allein, das geht doch gar nicht."
„Stimmt", sagte Lilly.
„Also, Maria, wo ist mein alter Seesack?"
„Was willst du denn damit?"
„Damit besuchen wir Frau Schmidt!"
Am Nachmittag des nächsten Tages fuhren die drei mit Purzel zum Krankenhaus. Lillys Mama hatte am Morgen mit Purzel „Im-Seesack-sitzen" geübt. Auf dem Krankenhausparkplatz steckten sie den Dackel in den Seesack und marschierten los.
Die Zimmernummer wussten sie, also gingen sie wie selbstverständlich an der Rezeption vorbei, nahmen aber nicht den Aufzug, sondern die Treppe, und erreichten schließlich die Zimmertür von Frau Schmidt. Sie wussten, dass sie allein im Zimmer lag. Lillys Mama packte noch schnell den kleinen Blumenstrauß aus, dann gingen sie alle hintereinander ins Krankenzimmer.
Frau Schmidt fiel aus allen Wolken, als die drei fröhlich einen guten Tag und gute Besserung wünschten. Als

sie antwortete, hörte Purzel sein Frauchen und zappelte im Seesack herum.
Lilly öffnete ihn, und der kleine Kerl sprang heraus. Er wollte gerade vor Freude bellen, da schnappte ihn sich Lilly und setzte ihn zu Frau Schmidt aufs Bett.
„Aber, aber das ist doch sicher verboten", schluchzte und lachte Frau Schmidt gleichzeitig, während sie immer wieder ihren Purzel an sich drückte.
„Das ist ja auch eine Mission Impossible", sagte Lillys Vater.
„Wir sind bis jetzt nicht erwischt worden."
„Sie kommen aber auch auf Ideen ... Aber ist das schön, wirklich schön."
Sie weinte wieder, und Lilly drückte sich irritiert an ihre Mutter. Die nahm sie beruhigend in den Arm und lächelte.
Auf dem Heimweg hatte Lilly Purzel auf dem Schoß.
„Sagt mal, warum hat Frau Schmidt denn so geweint? Sie hat sich doch gefreut, oder nicht?"
Lillys Mutter drehte sich auf dem Beifahrersitz zu ihr um.
„Weißt du, es gibt mehrere Arten von Tränen. Aber bei Frau Schmidt waren das nicht nur Freudentränen, ich glaube, es waren auch Tränen der Erleichterung dabei. Das sind Tränen, die viel wegspülen können. Hast du gemerkt, dass sie gar nicht mehr so bitter klingt?"
Lilly nickte.
„Na, siehst du, und sie sah, als wir gingen, irgendwie netter aus als vorher, oder?"

„Ja, nicht mehr so verkniffen."
„Das meinte ich mit weggespült! Mal sehen, wie lange es anhält."
Es hielt an. Als Frau Schmidt einige Tage später nach Hause kam, musste Purzel zwar zu ihr zurück, aber Lilly durfte mit ihm spazieren gehen, sooft sie wollte. Dann, kurz vor Weihnachten, stand Purzel plötzlich draußen bei ihnen vor der Terrassentür.
Lilly ließ ihn herein und sagte: „Wo kommst du denn her?"
„Durch das neue Tor im Gartenzaun", sagte ihre Mutter. „Frau Schmidt meinte, dann wäre es für alle leichter, natürlich besonders für Purzel."
„Darf ich mal rübergehen?"
„Klar, mach das ruhig."
Fröhlich lachend rannte Lilly mit Purzel zum Tor und dann direkt zu Frau Schmidt. Die saß in einem großen Sessel, lächelte und strickte.
Lilly ging zu ihr hin und nahm sie einfach in den Arm.
„Danke schön für das Tor", sagte Lilly leise.
„Danke schön für alles", sagte Frau Schmidt. „Weißt du, Lilly, wenn du nicht gewesen wärst, hätte mich niemand gefunden. Ich habe keine Kinder, weil mein Mann früh gestorben ist. Ich glaube, ich war nicht immer sehr freundlich zu allen. Das tut mir so leid."
Lilly war ganz verlegen. Aber dann lachte sie und erzählte Frau Schmidt, was sie mit Purzel alles unternommen hatte, während sie im Krankenhaus gelegen

hatte. Als Lilly gehen wollte, sagte Frau Schmidt leise: „Lilly, du kannst mich besuchen, wann immer du willst, deine Eltern auch."
„Klar", sagte Lilly, „wir haben ja jetzt ein Besuchertor!"
Am Abend gingen alle drei noch einmal zu Frau Schmidt.
„Wir möchten, dass Sie Weihnachten mit uns feiern", sagte Lillys Vater.
Frau Schmidt zuckte richtig zusammen, „Aber, aber, nein, das geht doch nicht."
„Warum nicht?", fragte Lilly. „Der Purzel freut sich auch schon. Wir haben sogar ein Geschenk für ihn."
„Was denn?"
„Wird nicht verraten."
Frau Schmidt sah die drei nacheinander an. „Nein", sagte sie fest. „Ich kann das nicht annehmen. Das Weihnachtsfest gehört der Familie. Ich gehöre nicht dazu."
Lillys Mutter ging zu Frau Schmidt und nahm ihre Hand.
„So, und jetzt hören Sie mir mal gut zu. Wir haben schließlich den Purzel so gut wie adoptiert. Der gehört also fast zur Familie. Und zu Ihnen gehört er auch. Also gehören Sie quasi auch zu uns. Außerdem ist die Weihnachtsgans viel zu groß für uns drei. Wir brauchen dringend Hilfe dabei, sie zu essen. Sonst müssen wir noch eine Woche Gans essen."
„Mhm ...", machte Frau Schmidt.
„Ist das ein Ja?"

Frau Schmidt nickte unter Tränen.
Lilly zupfte an der Jacke ihrer Mutter.
„Was sind denn das jetzt für Tränen?“, flüsterte sie.
„Freudentränen“, sagte ihre Mutter. „Ich würde sagen, andere Tränen sind ab jetzt bei Frau Schmidt nicht mehr erlaubt!“
„Ach, Frau Schmidt, bevor ich das vergesse, Sie können uns ruhig bei unseren Vornamen nennen“, schlug Lillys Vater vor.
„Sie mich auch, ich heiße Sophia.“
„Aha, wie die Weisheit. Da werden Sie unsere Namen sicher auch freuen, Lilly wissen Sie ja schon. Wir heißen Maria und Josef.“
Frau Schmidt sah über ihr Taschentuch hinweg von einem zum andern.
„Nein“, hauchte sie.
„Doch“, lachte ihr Vater.
„Dann muss ich Weihnachten einfach kommen! Also abgemacht!“
Purzel saß wedelnd dabei und wunderte sich ein bisschen, weil plötzlich alle laut lachten. Das hatte der kleine Hund so noch nie erlebt, Frau Schmidt aber auch nicht.

8. Dezember

Weihnachtsglanz

Arno Backhaus

Er hatte getan, was er konnte, um seinem Schaufenster adventlichen Glanz zu verleihen. Es fehlte weder an Tannengrün noch an Kerzen; auch silberne Glöckchen und sonstiger Flitter waren vorhanden. Er hatte aber noch mehr getan. Mitten in die Dekoration legte er eine offene Bibel. Auf der aufgeschlagenen Seite war eine Stelle rot unterstrichen. So konnte nun jedermann lesen: „Also hat Gott die Welt geliebt, dass er seinen eingeborenen Sohn gab, auf dass alle, die an ihn glauben, nicht verloren werden, sondern das ewige Leben haben."

Zwei Damen, die an dem Schaufenster vorübergingen, warfen einen Blick hinein. Da entdeckten sie natürlich auch die Bibel und den Bibelvers. Sagte die eine zur anderen: „Schrecklich, die ziehen doch heutzutage überall die Bibel mit hinein! Jetzt wahrhaftig auch noch beim Weihnachtsfest!"

Geschenke sollen Freude machen

Ephraim Kishon

Damit Klarheit herrscht: Geld spielt bei uns keine Rolle, solange wir noch Kredit haben. Die Frage ist, was wir einander zu den vielen Festtagen des Jahres schenken sollen. Wir beginnen immer schon Monate vorher an Schlaflosigkeit zu leiden. Der Plunderkasten „Zur weiteren Verwendung" kommt ja für uns selbst nicht in Betracht. Es ist ein fürchterliches Problem.
Vor drei Jahren, zum Beispiel, schenkte mir meine Frau eine komplette Fechtausrüstung und sie bekam von mir eine zauberhafte Stehlampe. Ich fechte nicht.
Vor zwei Jahren verfiel meine Frau auf eine Schreibtischgarnitur aus karrarischem Marmor – samt Briefbeschwerer, Brieföffner, Briefhalter und Briefmappe –, während ich sie mit einer zauberhaften Stehlampe überraschte. Ich schreibe keine Briefe.
Voriges Jahr erreichte die Krise ihren Höhepunkt, als ich meine Frau mit einer zauberhaften Stehlampe bedachte und sie mich mit einer persischen Wasserpfeife. Ich rauche nicht.

Dieses Jahr trieb uns die Suche nach passenden Geschenken beinahe in den Wahnsinn. Was sollten wir einander noch kaufen? Gute Freunde informierten mich, dass sie meine Frau in lebhaftem Gespräch mit einem Grundstücksmakler gesehen hätten. Wir haben ein gemeinsames Bankkonto, für das meine Frau auch allein zeichnungsberechtigt ist. Erbleichend nahm ich sie zur Seite:

„Liebling, das muss aufhören. Geschenke sollen Freude machen, aber keine Qual. Deshalb werden wir uns nie mehr den Kopf darüber zerbrechen, was wir einander schenken sollen. Ich sehe keinen Zusammenhang zwischen einem Feiertag und einem schottischen Kilt, den ich außerdem niemals tragen würde. Wir müssen vernünftig sein, wie es sich für Menschen unseres Intelligenzniveaus geziemt. Lass uns jetzt ein für alle Mal schwören, dass wir einander keine Geschenke mehr machen werden."

Meine Frau fiel mir um den Hals und nässte ihn mit Tränen der Dankbarkeit. Auch sie hatte an eine solche Lösung gedacht, hatte nur nicht gewagt, sie vorzuschlagen. Jetzt war das Problem für alle Zeiten gelöst. Gott sei Dank.

Am nächsten Tag fiel mir ein, dass ich meiner Frau zum bevorstehenden Fest doch etwas kaufen müsste. Als Erstes dachte ich an eine zauberhafte Stehlampe, kam aber wieder davon ab, weil unsere Wohnung durch elf zauberhafte Stehlampen nun schon hinlänglich beleuchtet ist. Außer zauberhaften Stehlampen wüsste ich aber für meine Frau nichts Passendes, oder höchstens ein Brillantdiadem – das Einzige, was ihr noch fehlt. Einem Zeitungsinserat entnahm ich die derzeit gängigen Preise und ließ auch diesen Gedanken wieder fallen.

Zehn Tage vor dem festlichen Datum ertappte ich meine Frau, wie sie ein enormes Paket in unsere Wohnung schleppte. Ich zwang sie, es auf der Stelle zu öffnen. Es enthielt pulverisierte Milch. Ich öffnete jede Dose und untersuchte den Inhalt mit Hilfe eines Siebs auf Manschettenknöpfe, Krawattennadeln und ähnliche Fremdkörper – ich fand nichts. Trotzdem eilte ich am nächsten Morgen, von unguten Ahnungen erfüllt, zur Bank. Tatsächlich: Meine Frau hatte 260 Pfund von unserem Konto abgehoben, auf dem jetzt nur noch 80 Aguroth verblieben, die ich sofort abhob. Heißer Zorn überkam mich. Ganz wie du willst, fluchte ich in mich hinein. Dann kaufe ich dir also den Astrachanpelz, der uns ruinieren wird. Dann beginne ich jetzt, Schulden zu machen, zu trinken und Kokain zu schnupfen. Ganz wie du willst.

Gerade als ich nach Hause kam, schlich meine Frau, abermals mit einem riesigen Paket, sich durch die Hintertüre ein. Ich stürzte auf sie zu, entwand ihr das Paket und riss es auf – natürlich: Herrenhemden. Eine Schere ergreifen und die Hemden zu Konfetti zerschneiden, war eins.

„Da – da!“, stieß ich keuchend hervor. „Ich werde dich lehren, feierliche Schwüre zu brechen!“
Meine Frau, die soeben meine Hemden aus der Wäscherei geholt hatte, versuchte einzulenken. „Wir sind erwachsene Menschen mit hohem Intelligenzniveau“, behauptete sie. „Wir müssen Vertrauen zueinander haben. Sonst ist es mit unserem Eheleben vorbei.“
Ich brachte die Rede auf die abgehobenen 260 Pfund. Mit denen hätte sie ihre Schulden beim Friseur bezahlt, sagte sie. Einigermaßen betreten brach ich das Gespräch ab. Wie schändlich von mir, meine kleine Frau, die beste Ehefrau von allen, so völlig grundlos zu verdächtigen.
Das Leben kehrte wieder in seine normalen Bahnen zurück.
Im Schuhgeschäft sagte man mir, dass man die gewünschten Schlangenlederschuhe für meine Frau ohne Kenntnis der Fußmaße nicht anfertigen könne, und ich solle ein Paar alte Schuhe als Muster bringen.
Als ich mich mit dem Musterpaar unterm Arm aus dem Haustor drückte, sprang meine Frau, die dort auf der Lauer lag, mich hinterrücks an. Eine erregte Szene folgte.
„Du charakterloses Monstrum!“, sagte meine Frau. „Zuerst wirfst du mir vor, dass ich mich nicht an unsere Abmachung halte, und dann brichst du sie selber! Wahrscheinlich würdest du mir auch noch Vorwürfe machen, weil ich dir nichts geschenkt habe …“

So konnte es nicht weitergehen. Wir erneuerten unseren Eid. Im hellen Schein der elf zauberhaften Stehlampen schworen wir uns zu, bestimmt und endgültig keine Geschenke zu kaufen. Zum ersten Mal seit Monaten zog Ruhe in meine Seele ein.
Am nächsten Morgen folgte ich meiner Frau heimlich auf ihrem Weg nach Jaffa und war sehr erleichtert, als ich sie ein Spezialgeschäft für Damenstrümpfe betreten sah. Fröhlich pfeifend kehrte ich nach Hause zurück. Das Fest stand bevor, und es würde keine Überraschungen geben. Endlich!
Auf dem Heimweg machte ich einen kurzen Besuch bei einem mir befreundeten Antiquitätenhändler und kaufte eine kleine chinesische Vase aus der Ming-Periode. Das Schicksal wollte es anders. Warum müssen die Autobusfahrer auch immer so unvermittelt stoppen. Ich versuchte die Scherben zusammenzuleimen, aber das klappte nicht recht. Um so besser. Wenigstens kann mich meine Frau keines Vertragsbruches zeihen.
Meine Frau empfing mich im Speisezimmer, festlich gekleidet und mit glückstrahlendem Gesicht. Auf dem großen Speisezimmertisch sah ich, geschmackvoll arrangiert, einen neuen elektrischen Rasierapparat, drei Kugelschreiber, ein Schreibmaschinenfutteral aus Ziegenleder, eine Schachtel Skiwachs, einen Kanarienvogel komplett mit Käfig, eine Brieftasche, eine zauberhafte Stehlampe, einen Radiergummi und ein Koffer-

grammophon (das sie bei dem alten Strumpfhändler in Jaffa unter der Hand gekauft hatte).
Ich stand wie gelähmt und brachte kein Wort heraus. Meine Frau starrte mich ungläubig an. Sie konnte es nicht fassen, dass ich mit leeren Händen gekommen war. Dann brach sie in konvulsivisches Schluchzen aus:
„Also so einer bist du. So behandelst du mich. Einmal in der Zeit könntest du mir eine kleine Freude machen – aber das fällt dir ja gar nicht ein. Pfui, pfui, pfui. Geh mir aus den Augen. Ich will dich nie wieder sehen ..."
Erst als sie geendet hatte, griff ich in die Tasche und zog die goldene Armbanduhr mit den Saphiren hervor.
Kleiner, dummer Liebling.

Ein Teufelstag im Advent

Anneliese Röck

Dass ich nicht lache, das soll die stille, besinnliche Adventszeit sein? Wenn ich nur dran denke, was ich alles noch vor Weihnachten erledigen muss, bekomme ich das Nervenfieber – keiner Sklavin würde man das zumuten. Und noch dazu ist heute ein solcher Teufelstag, an dem alles schiefgeht. An derartigen Tagen müsste sich der vernünftige Mensch eigentlich hinsetzen, die Hände in den Schoß legen und gar nichts tun, denn mit jedem Schritt beschwört man das Chaos herauf. Aber welche Hausfrau kann sich das kurz vor Weihnachten schon leisten? Ich habe es versucht und bitter bereut. Gleich nach dem Mittagessen richte ich eine beschwörende Ansprache an Alfred und Regina, sie sollen sich um Himmels willen zehn Minuten ruhig verhalten, damit ich meine Nerven frei nach Yoga oder Buddha entspannen könne. Wie einsichtvoll Kinder doch sind! Die dreijährige Regina rüstet sich mit einer Schere aus und beginnt wellige Streifen von einer Zeitung abzuschneiden: „Das wird Christbaumschmuck, lass mich arbeiten, gib Ruh!“, erklärt sie mir. Alfred, der mit seinen fünf Jahren schon Kindergartendisziplin kennt, liest in Bilderbüchern. Ich sinke in den tiefen Stuhl und schließe die Augen. – Ja wirklich, heute jagte der Teufel hinter mir her. Schon am Morgen riss er mir den Korb mir den leeren Bierflaschen vor der Wohnungstür aus der Hand, sodass die Flaschen klirrend auf den Steinstufen zersprangen und die Splitter und Scherben vom dritten Stock bis ins Parterre klirrten. Die Nachbarinnen, durch den Lärm angelockt, halfen mir, die Scherben aufzulesen und rekonstruierten mithilfe der dicken Glasböden die Anzahl der zerbrochenen Flaschen. „Trinkt das Ihr Mann allein, oder trinken Sie auch mit?", fragte mich Frau Steiner. Im Selbstbedienungsladen fuhr ich einer Dame mit dem Einkaufswagen gegen das Schienbein, statt Haselnüsse erwischte ich gesalzene Erdnüsse, und auf dem Heimweg riss ich mir ein riesiges Loch in den Strumpf. Beim Blumengießen floss Wasser aus jedem Topf, und als ich es vom Boden aufwischte, stieß ich mir eine Beule über dem rechten Auge. Der Versuch, anstatt Haselnüsse die gesalzenen Erdnüsse für die Kekse zu nehmen, ist auch nicht gelungen, aber das war ja wirklich eine verrückte Idee. Die Kinder lachen. Entsetzt fahre ich hoch. Das Mädchen dekoriert Alfred mit dem selbst verfertigten Christbaumschmuck. Ich war tatsächlich eingeschlafen. Jetzt aber mit frischem Mut an die Arbeit! Ich schleudere mir im Badezimmer kaltes Wasser ins Gesicht. Kämmen muss ich mich auch. Da stockt mein

Atem. Wie sehe ich denn aus? Vorne am Haaransatz steht steif und borstig ein Haarbüschel von etwa einem Zentimeter Länge flott und waagerecht vom Kopf weg. Ich komme mir vor wie die Karikatur eines Einhorns. Regina kommt ins Badezimmer. „Ich dachte, dich stört diese Locke, weil du im Schlaf immer so komisch gezuckt hast. Ich habe sie ganz vorsichtig abgeschnitten. Jetzt bist du aber froh, gelt?" Nun denn, wir gehen zu dritt in die Küche und backen die mürben Plätzchen, die schon seit Urgroßmutters Zeiten zu Weihnachten nicht fehlen dürfen. Ich kann sie schon nicht mehr riechen, diese kreisrunden Teiggebilde, die mit Marmelade zu Doubletten vereinigt werden, aber es geht nichts über Traditionsbewusstsein. „Los, Kinder, wir machen die doppelte Menge: Eier, Butter, Zucker … verrühren – und so weiter. Alfred, nimm die Finger weg, du darfst keinen Teig essen!" „Warum nicht?" Ja, warum eigentlich nicht? Mir fällt in der Eile keine richtige Begründung ein, und so verkünde ich: „Vom Teig bekommt man Würmer im Magen!" „Wer sagt denn das?", will Alfred wissen. „Meine Großmutter!", trompete ich stolz aus. „Ha, ha", schreit Regina, „du hast ja gar keine Großmutter!" Jetzt gehört das Mehl in den Teig. Wie viel bloß? Da muss ich schnell ins Kochbuch schauen. Alfred presst seiner Schwester den runden Keksausstecher auf die Wange, sie schreit. Der Teig ist so weich heute! Regina zeichnet einen Weihnachtsbaum auf das gefettete, gestaubte Backblech. Alfred isst Teig

– wenn ich mich umdrehe, sogar mit beiden Händen. „Die Großmutter hat gesagt …“, fängt Regina wieder an. Die Plätzchen kleben schrecklich, und ich seufze erlöst auf, als das Blech im Rohr verschwindet. „Jetzt bist du aber froh!“, meint meine Tochter. Ich bin wirklich froh, aber nur ungefähr eine Viertelstunde lang, denn als ich die Plätzchen aus dem Ofen ziehe, sind sie zu riesigen Fladen auseinandergeronnen. Ich weiß auch, warum: Ich habe beim Mehl nur die einfache Menge genommen. „Das sieht schrecklich aus, was wird Tante Anna dazu sagen!“, stöhne ich. „Weißt du was, wir essen sie gleich auf, dann sieht kein Mensch etwas davon“, rät mein kluger Sohn. Jetzt geschieht endlich das einzige Richtige, was man an so einem Tag machen kann. Ich setze mich mit meinen Kindern ins Wohnzimmer, wir zünden die Kerzen am Adventskranz an und essen einen mürben Fladen nach dem anderen. So gut haben mir die Plätzchen seit zwanzig Jahren nicht mehr geschmeckt. Ein Schlüssel dreht sich im Schloss der Wohnungstür, der Vater kommt nach Hause. Er schnuppert. „Wie gut es bei euch riecht!“ Er stellt die schwere Aktentasche nieder, zieht die Schuhe aus und setzt sich zu uns. „Ein Teufelstag heute im Büro“, seufzt er, dann blickt er mich liebevoll an und meint: „Du hast es gut, du kannst den ganzen Tag so gemütlich zu Hause verbringen.“

Einmal Bacchusplatz und zurück

Manfred Siebald

Er konnte an nichts anderes mehr denken. Dass es im Treppenhaus nach Knoblauch roch und dass die Werbungsausträger mal wieder zu faul gewesen waren, die bunte Geschenkreklame ordentlich in die Briefkästen zu stecken – er bemerkte es nicht. Nur die eine Frage beschäftigte ihn: Würde er einen Brief vorfinden? Hatte sie ihm geschrieben? Dieser Wunsch blendete alles andere aus an diesem Heiligen Abend.

Nein, der Briefkasten war leer. Es half auch nichts, dass er die Klappe noch einmal öffnete, um sicherzugehen. Mit schweren Schritten machte er sich auf den Weg nach oben. Der Knoblauchgeruch kam aus der Wohnung rechts im zweiten Stock.

Wahrscheinlich kochte Familie Agostini wieder ihre Spaghetti „Aglio e Olio", zu denen sie ihn neulich einmal eingeladen hatten. Es hatte ungeheuer gut geschmeckt, aber er hatte sich innerhalb dieser vor Leben und Liebe dampfenden Familie als Fremdkörper gefühlt. Sie hatten kein Wort über Marlene gesagt – auch nicht über Jana –, aber unausgesprochen hatte

die Frage im Raum gehangen, warum alles so kommen musste.
Grübelnd stieg er weiter in den dritten Stock bis vor seine Wohnungstür. Auch hier keine Nachricht von ihr. Manchmal hinterließ ja der Postbote, wenn er ein Einschreiben brachte und niemanden antraf, eine Karte an der Tür. Aber das war wohl mal wieder ein unrealistischer Wunsch gewesen. Auch zu Weihnachten kein Lebenszeichen vom Kind (trotz ihrer 26 Jahre nannte er sie in Gedanken immer noch Kind). Er schloss die Tür auf und sah mit einem Blick, dass sich nichts geändert hatte, seit er heute Morgen aus dem Haus gegangen war. Der Tannenzweig, den er aus purer Nostalgie an die Lampe im Flur gehängt hatte (Marlene hatte das viele Jahre lang immer am ersten Advent getan), hatte ein paar Nadeln verloren. Das war alles. Er bückte sich und hob sie auf.
Die Uhr zeigte zwei Minuten nach halb vier. Warum musste er immer auf die Uhr über der Wohnungstür schauen, sobald er den Flur betrat? Vielleicht, weil er als Busfahrer so viele Jahre mit dem Gebot von Stunden und Minuten, mir der Pünktlichkeit zum Dienstantritt und mit dem punktgenauen Eintreffen an den Haltestellen hatte leben müssen. Aber jetzt, in seinem vorzeitigen Ruhestand, konnte die Uhr ihm eigentlich egal sein. Auf ihn wartete niemand, und er selbst wartete nur auf die Post.
Vor drei Jahren war Hartmuts Leben durcheinandergeraten. Woran hatte es gelegen? Waren es die vie-

len ermüdenden Jahre gewesen, in denen er Marlene hatte pflegen müssen? Mit Sicherheit hatte ihre Krankheit etwas damit zu tun: erst das Erschrecken über die Diagnose, dann die zahllosen Gespräche mit den Freunden, den Ärzten, den Nachbarn. Dann die Hoffnung, dass die neuen Medikamente anschlagen würden und alles wieder besser werden würde, und schließlich die Aussicht, dass es keine Aussicht gab als ein langes Siechtum. Das große Bild war es aber gar nicht, was ihn mürbe gemacht hatte – es war eher der immer gleiche Anblick ihrer einsamen Augen, die sagten: Du kannst meine Situation ja doch nicht verstehen; der traurigen Augen, die ihn mit ihrer Hoffnungslosigkeit ansteckten; der vorwurfsvollen Augen, wenn er einmal Überstunden hatte machen müssen. Alles das hatte ihm zugesetzt und hatte ihn immer müder gemacht.

Dann war da jeden Morgen diese junge Frau gewesen, die auf seiner Frühstrecke – einmal Bacchusplatz und zurück – an der Haltestelle Fernerstraße in den Bus stieg, als wäre er der Transporter zum großen Glück. Immer hatte sie gelächelt, hatte Lebensfreude ausgestrahlt und hatte ihm das Gefühl gegeben, er sei der Grund für ihr Wohlbefinden. Nach ein paar Wochen schon hatte er auf diesen Blickkontakt gewartet, wenn er sich der Haltestelle näherte. Und nach zwei Monaten war sie ihm so vertraut, dass er auch zu Hause immer an sie denken musste.

Besonders wenn Marlene ihn mit ihren matten Augen deprimierte und ihn subtil unter Druck setzte: „Ich muss nachher mal versuchen aufzustehen und die Blumen auf dem Balkon zu gießen. Du sollst auch einmal ausruhen können."

Es war an einem Frühlingstag gewesen, an dem der Duft der Lindenblüten entlang der Straße ihm fast den Verstand raubte. 7 Uhr 12 hielt er wieder an der Fernerstraße, und sie stieg ein. Ein lachsfarbenes Kleid hatte sie an, und ihre Schuhe waren aus schwarzem geflochtenem Leder. „Sehen Sie heute wieder gut aus!" Es war ihm einfach so rausgerutscht, aber es schien ihr zu gefallen. „Ja, wenn man jeden Morgen von einem solchen Mann chauffiert wird, macht man sich halt besonders nett zurecht."

Viel mehr war an diesem Tag nicht passiert, aber im Laufe der nächsten Wochen wurden die ausgetauschten Freundlichkeiten immer vertraulicher, und irgendwann hatte er sich mit ihr auf einen Kaffee nach Dienstschluss und ein paar Tage später zum Abendessen verabredet. Aus dem Abendessen wurde im Lauf der Zeit immer mehr, und aus seiner Zuneigung wurde etwas, was er irgendwann dann Liebe nannte und was ein Außenstehender gut und gern als Hörigkeit bezeichnet hätte. Irgendwann war es dann so weit gewesen: Er war zu Britta gezogen und hatte seine kranke Frau und sein ganzes krankes Leben hinter sich gelassen. Die Szene, die Jana ihm gemacht hatte, war heftig gewesen, und

an das letzte Gespräch mit Marlene mochte er gar nicht mehr denken.
Die Liebe zu Britta hatte nicht lange gehalten. Diese Frau war zu anstrengend für ihn, zu positiv und immer voller Pläne. Das hatte zwar aus der Entfernung für einen an das Krankenbett seiner Frau gefesselten Mann sehr verlockend ausgesehen, aber aus der Nähe merkte er, dass er ihrer Energie und ihrer ständig guten Laune nicht gewachsen war. Vor allem ihren Humor hatte er wohl zunächst falsch eingeschätzt. Was sich zuerst wie ein Feuerwerk geistvoller Scherze angehört hatte, klang im Laufe der Zeit immer hohler und flacher, und wenn er nicht gleich lachte, reagierte sie merkwürdig gereizt. Bald schon sehnte er sich – er glaubte es selber kaum – nach den stillen Abenden an Marlenes Bett.
Doch als er dann bei Britta wieder auszog und nach Hause kam, sah er, was er angerichtet hatte. Seine Frau war nur noch ein Schatten ihrer selbst, und auch ein Laie wie er konnte sehen, dass sie nicht mehr lange leben würde. Sein Auszug hatte ihr anscheinend den letzten Lebensmut geraubt, und als der Kopf sich aufgegeben hatte, folgte der Körper ohne langes Zögern. Ein halbes Jahr später trug er sie zu Grabe. Jana redete nicht mehr mit ihm – nur den einen Satz: „Du hast sie auf dem Gewissen." Sofort nach der Beerdigung zog sie aus. Wohin, sagte sie nicht, ließ sich auch nicht von ihm beim Umzug helfen – das taten ein paar ihrer Arbeitskollegen. Als sie in den Kleintransporter stieg,

sprach sie kein Wort des Abschieds, drehte sich noch nicht einmal um. Zurück blieb er. Und von da an war er allein.
Wie oft hatte er sich gewünscht, er könnte alles ungeschehen machen. Wie oft hatte er den Himmel um Vergebung für das gebeten, was er getan hatte. Doch der Himmel schien nicht zu antworten – genauso wenig wie sein Kind. Auch als er herausbekommen hatte, wo sie wohnte, bekam er keinen Kontakt zu ihr. Seine Anrufe wurden immer von einer Freundin beantwortet, die ihm zu verstehen gab, Jana sei für ihn nicht zu sprechen. So depressiv wurde er im Lauf der Zeit, dass ihn seine Dienststelle schließlich auf Dauer arbeitsunfähig schrieb. Nun saß er zu Hause und hatte alles verloren: Frau, Kind, Arbeit.
Monat für Monat hatte er versucht, mit der verlorenen Tochter Kontakt aufzunehmen, hatte ihr Geld geschickt – vielleicht aus einem gewohnten Gefühl der Fürsorge heraus, aber eigentlich eher als immer neuer Versuch der Wiedergutmachung. Seine Päckchen, seine Briefe waren kleine Bußrituale, die ein großes Unrecht aus der Welt schaffen wollten. Vergeblich. Natürlich war es irrational, Geldscheine in Umschläge zu stecken und zu hoffen, dass er sie damit zu einer Antwort verlocken oder sogar ihre Liebe zurückkaufen konnte. Immer mehr Geld hatte er geschickt – viel mehr, als er sich leisten durfte. Sogar ein Darlehen hatte er aufgenommen, dessen Rückzahlung ihn jetzt als Rentner

in ernsthafte Schwierigkeiten brachte. Es war zum Verzweifeln. Sich selbst – so fühlte er – würde er erst vergeben können, wenn sie ihm vergab. Und erst wenn sie ihm vergab, wollte er auch glauben, dass der Himmel ihm vergeben hatte.
Auch heute, am Heiligen Abend, konnte er an nichts anderes denken als an diese übermächtige Sehnsucht nach einem Lebenszeichen, einer kleinen Nachricht. Aus dem Radio plätscherten die alten Weihnachtslieder, die er irgendwann nicht mehr ertragen konnte. Mitten in „Ihr Kinderlein kommet" schaltete er ab. Als er sich gerade das letzte Bier aus dem Kühlschrank holte, klingelte es. Etwas irritiert stellte er die Flasche auf den Küchentisch. Wer wollte ihn jetzt aus seinen Gedanken reißen? Die Agostinis? Mehnhardt, der Nachbar vom selben Stock? Hatte jemand aus dem Haus in seiner Abwesenheit eine Paketsendung angenommen – ein Paket vom Kind? Nein – sicher nicht. Er hatte sich das so oft gewünscht und war so oft enttäuscht worden, dass er sich diesen Gedanken sofort wieder aus dem Kopf schlug.
Keine Maria Agostini stand vor der Tür, kein Carl Mehnhardt. Vor ihm stand Jana – nicht direkt vor ihm, sondern drüben am Treppengeländer. Sie hatte längere Haare als früher, war völlig ungeschminkt, aber gerade deshalb schöner, als er sie in Erinnerung hatte. Jeans und eine knallrote Jacke hatte sie an. In der Hand hielt sie einen dicken braunen Briefumschlag.

„Tag, Papa. Ich wünsch dir frohe Weihnachten. Ich hatte sowieso hier in der Nähe zu tun, und da wollte ich einfach vorbeischauen. Du hast das nicht erwartet, wahrscheinlich, aber ich hatte das Gefühl. ich sollte dich an diesem Fest besuchen. Ist irgendwie blöd gelaufen mit uns in den letzten zwei Jahren. Am Anfang warst du für mich total gestorben. Ich habe eine riesige Wut gehabt, wenn ich darüber nachdachte, was du Mama angetan hast. Kannst du sicher verstehen. Aber jetzt können wir ja vielleicht mal darüber reden, wenn du Zeit hast. In diesem Umschlag sind übrigens die vielen Briefe mit dem Geld, das du mir geschickt hast. Du wirst es nötiger brauchen als ich."
Einen langen Augenblick lang stand Hartmut wie angenagelt in der Tür. Stumm. Hilflos. Er nahm nicht den Knoblauchgeruch wahr, in den sich inzwischen von irgendwo her der Duft von frisch gebackenen Weihnachtskeksen mischte. Er hörte nicht das Klirren im Stockwerk unter ihm, wo anscheinend ein Teller zu Boden gefallen war und eine sarkastische Stimme „Schöne Bescherung" rief. Er sah nicht die ausgetretenen Schuhe von Mehnhardt vor der gegenüberliegenden Tür und nicht den kleinen grinsenden Weihnachtsmann über dem Klingelknopf. Er sah nur das Kind, sah nur Jana, die da vor ihm stand und auf seine Antwort wartete. Aber er brachte kein Wort heraus, konnte seine Zunge nicht bewegen und auch nicht seine Beine. Erst als sie wieder den Mund öffnete, um etwas zu sagen,

überwand er die Starre, ging – immer noch sprachlos – einen ersten zögernden Schritt auf sie zu. Aber schon der war zu viel für ihn.

Das Treppenhaus drehte sich um ihn – erst langsam, dann etwas schneller und schließlich in einem regelrechten Wirbel. Er wollte sich am Türrahmen festhalten, griff ins Leere, wankte nach vorn, stolperte, fiel. Sie machte ein paar schnelle Schritte auf ihn zu, um ihn aufzufangen, aber da landete er schon unsanft in der Mitte des Flures auf den Knien. Als sie nach seinen Schultern griff, um ihn wenigstens festzuhalten, sahen die Hände der Tochter aus wie die Hände eines Vaters auf den Schultern eines Sohnes. Wie in einem Gemälde von Rembrandt.

Schaufenster vor Weihnachten

Hermann Hesse

Weihnachten ist eine Angelegenheit, von der ich eigentlich nicht gerne spreche. Einerseits weckt das schöne Wort so tiefe, heilige Erinnerungen aus dem Sagenbrunnen der Kindheit, flimmert so magisch im Schein jener blonden Lebensmorgenfrühe und ist so durchstrahlt von unzerstörbar heiligen Symbolen: Krippe, Stern, Heilandkind, Anbetung der Hirten und Könige und Weise aus dem Morgenland! Und anderseits ist „Weihnacht" ein Inbegriff, ein Giftmagazin aller bürgerlichen Sentimentalitäten und Verlogenheiten, Anlaß wilder Orgien für Industrie und Handel, großer Glanzartikel der Warenhäuser, riecht nach lackiertem Blech, nach Tannennadeln und Grammophon, nach übermüdeten, heimlich fluchenden Austrägern und Postboten, nach verlegener Feierlichkeit in Bürgerzimmern unterm aufgeputzten Baum, nach Zeitungsextrabeilagen und Annoncenbetrieb, kurz, nach tausend Dingen, die mir alle bitter verhaßt und zuwider sind, und die mir alle viel gleichgültiger und lächerlicher vorkämen, wenn sie nicht den Namen des

Heilands und die Erinnerungen unserer zartesten Jahre so furchtbar mißbrauchten.
Nun, sprechen wir also nicht von Weihnachten – es kämen dabei ja doch lauter Verlegenheiten heraus, zum Beispiel, dass ich noch immer keine Ahnung habe, was ich meiner Freundin schenken soll, und ob zwanzig Mark für die Köchin richtig ist – ach und wenn ich doch den Freund S. daran hindern könnte, mir wieder ein so kostbares und dabei so jämmerlich unnützes Geschenk zu machen wie im letzten Jahr! Oder, falls es sich nicht ganz vermeiden lässt, an die Weihnacht zu denken, so laßt mich an jene wirkliche und echte Weihnachtsvorfreude denken, die ich auch heute noch, als enttäuschter und einsamer Mensch, zu empfinden vermag: an die Freude beim Herstellen jener Weihnachtsgeschenke, die ich auch heute noch, wie einst in den Knabenzeiten, für einige meiner Freunde mit eigener Hand herzustellen gewohnt bin, kleine Hefte mit neuen, handgeschriebenen Gedichten; Blätter mit Landschaftsaquarellen und dergleichen Dinge.
Nun, trotz allen widerstreitenden und beklemmten Gefühlen muß ich sagen: An manchen Abenden im Dezember, wenn es nach trübem, verschleiertem Nachmittag in den Geschäftsstraßen aufzuflammen beginnt, wenn alle die farbigen und grellen Schimmer aus den Schaufenstern auf den feuchten oder beschneiten Asphalt herausfallen und die Straße etwas festlich Belebtes bekommt, dann macht dieser verlogene, heftige

Weihnachtsbetrieb mit seiner lichten Außenseite mir doch einigen Spaß, und ich kann dann eine Stunde lang gerade in jenem Stadtteil bummeln, den ich sonst vermeide, und kann eine Stunde lang verloren und gefesselt an den strahlenden Läden hinstreichen, ins Schauen verloren. Es träumt mir dann, ich sei ein Kalifensohn aus Bagdad und sei nach langer, abenteuerlicher Reise, aus Todesgefahr und bitterer Gefangenschaft entronnen, in eine leuchtende Stadt des fernen Ostens gelangt, und mische mich entzückt und neugierig in das Gewühl um die Basare der Händler.
Nachdenken verträgt sich schlecht mit dieser Stimmung, und das Schöne an dieser abendlichen Bummelstunde ist gerade das Erlöstsein vom Denkenmüssen. Aber wenn ich dabei doch je und je ein wenig gedacht und mich selber beobachtet habe, so machte ich dabei jedes Mal mit einem gewissen (manchmal lachenden, manchmal eher peinlichen) Erstaunen die Entdeckung, dass ich, der rüstige Fünfziger mit dem leicht ergrauenden Scheitel und dem milden Brillengesicht, im Grunde meiner Seele ungewöhnlich infantil geblieben oder wieder geworden sein muß. Ich bemerke dies, wenn ich mir Mühe gebe, darauf zu achten, wie eigentlich diese vollen, strahlenden Schaufenster auf mich wirken und welcherlei Gegenstände es sind, die mir auffallen und die mich zu Wünschen reizen. Ich mache alsdann die Wahrnehmung, dass die Sachen, die mir gefallen und die mich lüstern zu machen ver-

mögen, beinahe alle noch dieselben sind wie in meiner Knaben- und frühen Jugendzeit.

In der Tat, inmitten dieses schreienden und etwas negerhaften Überangebotes von Waren sind es nur wenige, die ich für meine eigene Person zu begehren vermag, und alle die Errungenschaften der neueren Technik lassen mich schrecklich kalt. Ich sehe mit Erstaunen, dass auch vor solchen Schaufenstern neugierige und begehrende Menschen stehen, in die ich nicht ohne tiefe Langeweile zu blicken vermag und vor denen meinen Schritt zu verlangsamen mir niemals einfallen würde. Das sind zum Beispiel Läden mit Kodaks, mit Grammophonen, mit Sportgeräten, mit Radioapparaten – wenn ich einen Freibrief hätte, der mir erlaubte, aus allen diesen Läden alles zu wählen, was nur irgend zu besitzen mich gelüstete, ich würde den Freibrief wegwerfen und weitergehen. Raffinierte Chronometer, witzige Rasierapparate, blitzende Mikroskope, niedliche Zimmerkinematographen – nichts von allem wäre mir auch nur das Einwickelpapier wert.

Anders steht es mit den Auslagen der Buchhändler. Obwohl auf diesem Gebiet reichlich verwöhnt und überfüttert, bleibe ich vor einem guten Buchladen doch fast immer ein wenig stehen, und nicht nur der geistige Markt interessiert mich, die Namen der Kollegen, die Anpreisungen der Verleger, sondern mindestens ebenso sehr interessiert und lockt mich das Materielle dieser Bücher: ein roter Lederrücken, eine schöne englische Leinwand, ein schön getöntes Pergament, ein derbes knotiges Segeltuch als Mappenumschlag. Nun, und es sind ja auch immer wieder manche freundliche Erscheinungen in der Bücherwelt zu entdecken, wenn auch das Niveau im ganzen recht bescheiden ist. Ich sehe mit Freude die sechs braunen Bände mit Rilkes gesammelten Werken stehen und Martin Bubers Chassidische Schriften in einem Bande und Knut Hamsuns „Landstreicher“ (o, August, du Teufelskerl), ich freue mich darüber, dass es neue Bände von Josef Conrad gibt, ich blinzle dem Steppenwolf zu und grüße die „Gäste“ von Georg Munk, und einmal gehe ich sogar in einen Laden hinein und lasse mir ein Bilderwerk vorlegen, das ich im Fenster sah. Glasenapps „ Heilige Stätten Indiens“, stehe lang über die Tafeln gebeugt, nach Indien verirrt, ergriffen davon, dass auch diese so sehr fremden, so sehr exotischen Riesentempel, Höfe, Teiche und Höhlengrotten dieselbe immer gleiche Sprache sprechen wie die französischen Kathedralen und die süditalienischen Tempel, die Sprache des Glaubens und der Hingabe, der Begeisterung und seligen Verschwendung vor dem Göttlichen.

Erinnern mich diese Buchläden an viele Begeisterungen und Begierden der Jünglingszeit, so führen andere Bilder mich noch weiter in meine Vergangenheit, ja eigentlich hätte ich sie zuerst nennen sollen. Das mit den Büchern war zwar keineswegs gelogen, aber ein klein wenig Schönfärberei war doch wohl dabei. Denn siehe, es sind andere Schaufenster und Kaufläden, vor denen ich die stärksten Eindrücke, die wärmsten Erlebnisse, die kräftigsten Wünsche habe. Mit kindlicher Bewunderung und primitiver Lust betrachte ich die verlockenden Eßwaren, und zwar am meisten die kindlichsten, die Süßigkeiten. Dem reisenden Kalifensohn kommen heftige Kindheitsbegierden zurück, wenn er diese riesigen Kristallschalen voll großer Pralinen betrachtet, diese Berge von farbig verpackten Schokoladetafeln, die üppigen Platten voll Meringues und Schokoladeschäumchen. Und in einem anderen Fenster, das unendlich viel poetischer aussieht als jene Ausstellungen von Kodaks und Lautsprechern, entzücken mich, obwohl ich seit undenklichen Zeiten keine Wurst mehr gegessen habe, die feisten glänzenden Wurstkränze, die still und trocken herabhängenden Salami, die in Stanniol gerollten, schräg angeschnittenen Leberwürste, von denen ich mir niemals eine kaufen werde, von denen ich die meisten gar nicht essen und verdauen könnte, denn Wurst ist eine Speise für Optimisten, deren Anblick mich aber dennoch bezaubert und mir eine Vorstellung von Reichtum und Wohlleben gibt. O, und ein kleiner zarter Rollschinken, ein Kleinod von einem hübschen Schinkchen, führt mich tatsächlich in Versuchung – weiß Gott, ob ich ihn mir nicht kaufen werde. Indessen stellt der nächste Laden mir noch Köstlicheres vor die Sinne: In zauberhaften Farben wie große fremde Edelsteine leuchtend sind da kandierte Früchte zu sehen, Birnen, Pfirsiche, Pistazien, Oliven, Ananas. Nichts davon werde ich mir kaufen, nichts davon könnte ich verdauen. Kandierte Früchte sind zwar keine Spezialspeise für Optimisten, o nein, aber doch mehr für Frauen und Jugendliche, jedenfalls aber nicht für schonungsbedürftige, magenzarte und etwas leidende Halbgreise. Taumelt weiter, entzückte Augen! Es kommt ein Geschäft mit Thermosflaschen, Wärmkissen, Bauchbettflaschen und dergleichen Dingen, ein Geschäft, welchem ich Aufmerksamkeit zu schenken Grund hätte, aber ich gehe kalt vorüber. Eine richtige Apotheke hingegen fesselt mich jetzt; das ist ein Jahrmarkt, den ich gern sehe, und wenn auch mein Verstand die hier veranschaulichte Verbindung von Wissenschaft und Industrie im Zeichen des Mammons eher ironisch betrachtet, so lese ich doch auf diesen farbigen Flaschen, auf diesen hübschen seidigen Packungen und Schachteln mit Interesse und Vergnügen die vielversprechenden Namen, deren Mehrzahl in einem arg verdorbenen Griechisch erfunden sind. „Keine Gicht mehr!" verspricht eine ovale Glasdose, aber weder auf diese Dose noch auf das Plakat „ Sind Sie nervös?" lasse ich mich ein, ich hasse solche zu täppischen Fragen. Dagegen sehe ich hier und dort in Glasröhrchen, in Fläschchen, in Paketen gute Freunde liegen, Mittel, die ich kenne und schätze, und von denen es gut ist, eine kleine Auswahl im Reisekoffer zu haben. Namen nenne ich nicht – noch nie hat eine chemische Fabrik mir Rezensionsexemplare geschickt. Herrlich leuchten die festlichen Läden. Zwei Arten von Läden gibt es, vor denen ich manchmal stehenbleibe, jedoch nicht um die Auslagen, sondern um die von ihnen angezogenen Menschen zu betrachten. Es sind die Läden, in denen man Kinderspielzeug kauft, und jene, in denen elegante Frauen für Kleidung, Schmuck, Haar und Haut, Nägel und Zehen das Nötige angeboten bekommen. Da sieht man schöne Augen, oft im prächtigen nackten Brand des primitivsten Begehrens glühend, und man stellt mit Freude fest, dass es Welten und Industriezweige gibt, deren Notwendigkeit man zwar nicht auf unmittelbarem, aber doch auf diesem indirekten Wege zu erkennen vermag. Höchst unmittelbare Wege aber schlägt mein Begehren ein, wenn ich vor einem diskreten Fenster halte, wo ausgesuchte Marken alten Kognaks und edler Weine stehen, und ebenso vor jenen blanken, schönen Fenstern, wo auf Glasscheiben die Tabake und Zigarren locken, die schweren dicken, in Stanniol gewickelten Importe, die schwarzen guten Brasilzigarren, die hübschen lichten Holländer, die köstlichen Manilas.

Und noch eine Art von Geschäften gibt es, die seit den frühesten Zeilen ihren Zauber für mich nicht verloren haben. Es sind die Läden mit Papier, mit Bleistiften, Federn, Farben, Aquarellkästen, Linealen, Zirkeln, Zeichenkohle. Da bleibe ich lange stehen, verliebt in eine Kollektion herrlicher Pariser oder Londoner Wasserfar-

ben, in ein Bündel edler Kohinoorstifte, in eine Schachtel mit sibirischem Graphit, in Rollen und Lagen edler Papiere. So ein Hundert-Bogen von einem zart-festen, soliden Büttenpapier, das wäre ein Geschenk, mit dem man mich ködern könnte!
Aber am Ende bekommt man kalte Füße, und zum Kaufen ist ja auch ein andermal noch Zeit. Ach, wenn mir nur Freund S. zu Weihnachten nicht einen Kodak oder einen Korb Orchideen schenkt!

13.
Dezember

Die Weihnachtskrippe daheim

Christoph von Schmid

Der einzige damals noch lebende Bruder meiner Mutter namens Joseph Hartel, ein noch unverehelichter junger Mann, der schöne Blechwaren aller Art verfertigte, besuchte uns, besonders im Winter, alle Abende. Er war immer heiter und voll witziger Einfälle. Wir Kinder alle waren immer hocherfreut, wenn der Herr „Vetter Joseph" kam, wie wir ihn nannten. Uns Kindern und den Kindern seiner andern Schwester und auch einiger Nachbarn Freude zu machen, hatte er in einer Ecke seines Wohnzimmers zwischen den zwei Fenstern eine Weihnachtskrippe angebracht. Man sah einen großen Berg mit Felsen und Wäldchen und zerstreuten ländlichen Hütten. Ganz oben auf dem Berge befand sich die Stadt Bethlehem. Wenn er uns bei Tage die Krippe zeigte, rauchten alle Kamine der Stadt, bei Nacht waren alle Fenster erleuchtet. Dies wurde durch ein Glutpfännchen mit Weihrauch oder einer kleinen Lampe bewirkt, die er in das Innere der Stadt hineinstellte, die aus Blech gefertigt und zierlich mit Farben bemalt war. Unten im Tale befand sich auf einer Seite eine grüne Ebene mit vielen Schafen und Lämmchen und mit dem Hirten, der auf einer Schalmei spielte. Zur andern Seite war ein kleiner See von wirklichem Wasser, in dessen Mitte, so zart wie das feinste Silberfädchen, ein Springbrunnen emporsprudelte. Auf dem See befanden sich zwei Schwäne; wenn man ihnen ein kleines rotes Stäbchen, das bereitlag und an dessen Spitze etwas Brot befestigt war, vorhielt, so kamen sie herbei; zeigte man ihnen aber den breiten Teil des Stäbchens, so wichen sie zurück. Diese Wunder des uns unbekannten Magneten erfreuten uns Kinder sehr.

Die größte Freude aber machte uns das göttliche Kind mit Maria und Joseph; auch die anbetenden Hirten und die Heiligen Drei Könige, die mit aller königlichen Pracht erschienen. – Noch jetzt zur Stunde erinnere ich mich an alles sehr klar und deutlich. – In Hinsicht der Kunst mochte dieses alles wohl keinen Wert haben. In Bezug auf die Zeitverhältnisse war manches irrig und ganz verfehlt. Aus den Mauern Bethlehems schauten zum Beispiel Kanonen hervor; der ehrwürdige Greis Simeon hatte eine Brille auf; die Heiligen Drei Könige waren mit dem doppelten Adler oder einem Ordenskreuz geschmückt. Allein all dieses irritierte uns Kinder nicht. Wir hatten dabei sehr andächtige Empfindungen, die wohl nicht ohne Gewinn waren für das ganze Leben.

Mit Liebe geschenkt

Noor van Haaften

Anfang Dezember bekam ich Besuch von einem achtjährigen Nachbarsmädchen, das offensichtlich ganz gebannt war vom Nikolausgeschehen. „Ich hab mir gedacht", sagte sie, „ich will mal Knecht Ruprecht spielen." Sie überreichte mir ein Geschenk, das mit viel Papier und reichlich Tesafilm umwickelt war. Ich holte eine Schere aus der Küche, und dann setzten wir uns zusammen aufs Sofa. Dort öffnete ich das Päckchen und hielt einen kleinen Kunststoff-Stiefel in der Hand, bunt bemalt mit Filzstift und Wasserfarben. Einen Moment war ich sprachlos, dann machte ich den Mund auf, um dem Mädchen zu danken. Aber sie war schneller als ich. „Riech mal", flüsterte sie. Ich roch vorsichtig an dem Stiefelchen und nahm einen unangenehmen Geruch wahr von Kunststoff, Farbe und … billiger Seife?
Sie sah mich strahlend an. „Du riechst Parfüm", sagte sie gewichtig. „Von meiner Mutter." Und gleich darauf: „Was stellst du da rein?" Ich dachte fieberhaft nach, das erschreckend hässliche Stiefelchen in den Händen. Und plötzlich stand ich in Gedanken als Sieben-

jährige in einem vollgestopften, unordentlichen Kramladen in dem Ort, wo ich aufgewachsen bin. Ich hatte dort im Schaufenster eine kleine Tonvase entdeckt; sie hatte die Form eines Karrens auf zwei großen Rädern, der von einem Esel mit einem Schlapphut gezogen wurde. Das Ganze war ebenso bunt angemalt wie der Stiefel von meinem Nachbarmädchen. Und ... genauso unansehnlich, ein absoluter Misston in jedem Wohnraum. Aber ich war verzaubert. Nachdem ich mir ein paar Tage lang an jenem Schaufenster die Nase platt gedrückt hatte, wusste ich, dass das mein Muttertagsgeschenk werden musste.

In jenem Jahr traf ich, auf den Zehen wippend und mit meinem Gesicht gerade über dem Tresen, eine finanzielle Regelung mit der Besitzerin des Ladens. Ich gab ihr mein Taschengeld von dieser Woche als Anzahlung und musste dann während einer bestimmten Zeit noch ein paar Cent pro Woche abzahlen. Aber ich bekam das Väschen gleich mit nach Hause, und mein Geschenk war ein voller Erfolg.

Meine Mutter hat ihm jahrelang einen Ehrenplatz auf dem Kaminsims oder auf dem Tisch gegeben. Es sah am schönsten aus, wenn es mit einem bunten Strauß Stiefmütterchen gefüllt war.

Nachdem meine Mutter gestorben war, habe ich den Tonkarren mit nach Hause genommen. Er steht seitdem auf dem Vasenregal in meinem Keller. Benutzt habe ich ihn nicht mehr, er ist so hässlich, dass ich es nicht fertigbringe, ihm einen Platz in meinem Wohnzimmer zu geben. Aber jedes Mal, wenn ich ihn sehe, denke ich an meine Mutter, die das sehr wohl fertigbrachte und das hässliche, bunte Väschen immer wieder feierlich aufstellte. Mit ehrlicher Begeisterung.

Neben mir auf dem Sofa stupste mein Nachbarsmädchen mich ungeduldig in die Seite und holte mich aus meinen Erinnerungen zurück. Sie zeigte auf ihr Kunststoff-Stiefelchen und wiederholte ihre Frage. „Was stellst du da rein?"

Ich dachte einen Augenblick nach und sagte: „Vielleicht bewahre ich Bonbons darin auf. Oder warte, das wäre eigentlich schade um so eine hübsche kleine Vase. Ich denke, ich stelle sie in mein Schlafzimmer, mit einer Rose darin." Ich stand auf, stellte das Stiefelchen auf den Tisch, ging in die Küche und schenkte uns ein Glas Limonade ein. Wir haben miteinander auf das Stiefelchen angestoßen und dann ist Knecht Ruprecht nach Hause gegangen.

Ich selbst setzte mich wieder hin und musste an eine Geschichte denken, die ich einmal gehört hatte: Eine Frau hatte während der Kriegsjahre von ihrer Schwiegermutter, zu der sie nicht die beste Beziehung hatte, eine Schachtel Pralinen bekommen. Sie war darüber ziemlich aufgebracht. Es war sehr schwer für sie, ihre große Familie durchzubringen. Was sollte sie da mit einer Schachtel Pralinen! Ein paar Wochen später gab sie sie einer Bekannten. Diese machte sie ihrerseits

wieder einer anderen zum Geschenk und das wiederholte sich noch einige Male, bis die Pralinen nach gut einem Jahr wieder bei derselben Familie landeten. Die Schwiegermutter war inzwischen gestorben. Diesmal wurde die Schachtel geöffnet, und da stellte sich heraus, dass unter dem Deckel ein Hundertguldenschein steckte, zusammen mit einer Karte: „Das könnt ihr bestimmt gut gebrauchen.
Alles Liebe, Ma."
Etwas, das äußerlich unansehnlich scheint, kann in Wirklichkeit großen Wert besitzen.

Die letzten Kastanien

Miras Sasmaz

Seit Tagen schon schaute mich diese Frau immer wieder an, wenn ich ihr begegnete. Sie sagte nichts, sie tat nichts, sie sah mich nur an und lächelte mir zu.
Damals arbeitete ich auf dem Weihnachtsmarkt. Ich verkaufte geröstete Kastanien. Ich stand in einer kleinen Holzhütte, die gut abgedichtet und reichlich mit Weihnachtsdekoration geschmückt war. Mein Stand war mittendrin zwischen all den vielen anderen Häuschen. Drei Meter rechts von mir gab es kleine Weihnachtsfiguren zu kaufen, ein zerbrochener Engel lag achtlos neben seinem Flügel auf dem Boden. Links, ebenfalls drei Meter entfernt, bot der Inhaber selbst hergestellten Schmuck an. Es waren schöne und ansehnliche Werke, die der Man mit dem grauen Bart da hervorzauberte.
Nur ich verkaufte etwas, was von den Bäumen gefallen war, meine gerösteten Kastanien. Ihr Duft zog über den ganzen Weihnachtsmarkt. Von überall her kamen die Leute zu mir. Einige standen mit blau angelaufener Nase und vor Kälte zitternden Händen vor mir. Ich

packte einige Kastanien ein, übergab sie, die Kunden zahlten, bedankten sich und waren wieder weg.
Von Zeit zu Zeit wanderte der Weihnachtsmann, der in Wirklichkeit mein verkleideter Nachbar war, über den Weihnachtsmarkt und bimmelte mit einer Glocke.
„Hohoho!", rief er, blieb vor einem kleinen Kind stehen und beugte sich zu ihm hinunter. Aus seinem braunen Jutesack zog er ein Spielzeug hervor, das die Eltern des Kindes kurz zuvor gekauft und ihm zugesteckt hatten.
Ein anderes Kind klammerte sich verängstigt an seine Mutter. „Hohoho!", rief der Weihnachtsmann. „Warst du unartig zu deinen Eltern, hast du ihnen Kummer und Sorgen gemacht? Hohoho! Schau mal, was der Weihnachtsmann für dich hat!" Das Kind blieb wie gebannt stehen und riss seine Augen weit auf.
„Danke, das habe ich mir schon immer gewünscht." Verlegen nahm es das Spielzeug.
„Wo ist dein Rennschlitten?", fragten einige Kinder.
„Oh", antwortete der Weihnachtsmann, „den hat Michael Schumacher heute und fährt damit ein Rennen auf dem Nürburgring." Darüber lachten selbst die Eltern, der Weihnachtsmann machte wieder „Hohoho!" und ging seines Weges.
Ich schaute mir diese Ereignisse an, manchmal stand ich vor meinem Häuschen, wenn es nichts zu tun gab. Dann setzte ich mich wieder hinein, wärmte mich mit einem Kaffee oder aß ein paar geröstete Kastanien.

Der Weihnachtsmarkt neigte sich seinem Ende zu. Die letzten Tage waren die anstrengendsten. Da wurde gekauft, getrunken und gegessen. So fiel es mir nicht auf, dass die Frau, die mich sonst immer angelächelt hatte, nicht mehr gekommen war. Ich hatte zwar ab und an mal nach ihr geschaut, aber in der Hektik nicht wahrgenommen, ob sie dort stand oder nicht. Vielleicht hatte ich auch hingeschaut und nur in die Leere gelächelt.
Schließlich war ich am Ende meines Stehvermögens. Tagein, tagaus stehen, lächeln, bedienen, anhören, stehen, gehen, rösten, verkaufen und stehen. Immer wieder hörte ich den Weihnachtsmann „Hohoho!" rufen und über den ganzen Weihnachtsmarkt bimmeln. Selbst nachts träumte ich von ihm.
Nun stand ich am letzten Tag des Weihnachtsmarktes wieder in meinem Häuschen und verkaufte die restlichen Kastanien. Noch vier Portionen, und ich hatte alle verkauft. Da kamen auch drei Kunden, es waren drei Männer aus meinem Nachbarhaus. Sie erkannten mich und ich bediente sie.
Auf der Röstplatte lagen jetzt noch 14 Kastanien, die darauf warteten, gekauft zu werden. Ich hatte alles schon abgeräumt und ins Auto verfrachtet. Nur die Röstplatte und der Gaskocher waren noch da. Ich spielte mit dem Gedanken, die Kastanien selber zu essen, als sich eine Hand auf meine Schulter legte. Ich drehte mich um und sah die Frau, die ich seit Tagen vermisst hatte. Sie lächelte mir zu und holte aus ihrer Manteltasche etwas

hervor. Es war der Engel mit dem zerbrochenen Flügel. Sie hatte ihn geklebt und reichte ihn mir.
Ich freute mich riesig über dieses Geschenk. Ich wandte mich um und wollte ihr die letzten Kastanien schenken, aber als ich mich wieder umsah, war sie weg. Ich hatte nicht lange gebraucht, um die gerösteten Kastanien einzupacken, aber auf dem Weihnachtsmarkt war niemand mehr. Nichts stand mehr da – außer der Röstplatte, der Gasflasche und mir, in der Hand die letzten verpackten Kastanien und den Engel mit dem zerbrochenen Flügel.

Peters Weihnachts-Bücherwunsch

Hermann Multhaupt

Es war einmal ein Junge, Peter mit Namen, der liebte Bücher über alles. Was er an Gedrucktem erwischen konnte, verschlang er mit den Augen, so ungebändigt war sein Wissensdurst. Sein Vater, ein Siebmacher, war arm und seine Familie litt oft bittere Not, und so konnte Peters Sehnsucht nach Büchern nicht einmal Weihnachten gestillt werden.

Eines Tages hörte Peter, das der Kaiser, Wilhelm II., Kindern einen besonderen Wunsch erfüllt habe. Und weil die Adventszeit angebrochen war und Weihnachten doch das Fest des Schenkens ist, kam dem Jungen der Gedanke, dem höchsten Landesherrn seine Büchernot vorzutragen. Er verschaffte sich heimlich einen großen weißen Briefbogen und ein Amtskuvert und schrieb mit ungelenker Schrift ein Gesuch an „Seine Majestät, den deutschen Kaiser Wilhelm II. in Berlin", worin er um eine „ganze Kiste mit Büchern" bat.

Mit hochrotem Kopf warf Peter den Brief im nächsten Postort in den Kasten. Nun begann eine Zeit qualvollen Wartens. In seiner Fantasie malte sich der Junge aus, wie der alte Briefträger Niklas vor Weihnachten von der Poststelle des Nachbarortes herüberkäme und seiner Mutter eine Kiste voller Bücher vor die Füße stellte: Die kommen aus Berlin! Aber es kam keine Büchersendung. Stattdessen traf eines Morgens die Nachricht ein, dass der Vater sich „In amtlicher Sache" beim Ortsvorsteher zu melden habe. In jenen Tagen hatten die Menschen eine große Angst vor der Obrigkeit, und so machte sich Peters Vater nicht ohne Herzklopfen auf den Weg zum Ortsvorstand. Als er nach qualvollen Stunden zurückkehrte, trug er noch immer die Angst im Gesicht.

Peter musste eine gesalzene Strafpredigt über sich ergehen lassen. Mit erhobenem Zeigefinger wiederholte der Vater, was das Dorfoberhaupt ihm gesagt hatte: Es handle sich um einen unbesonnenen Streich, um ein törichtes Bittgesuch. Der Vater hatte ein Schreiben des Kaiserlichen Oberhofmarschallamtes unterzeichnen müssen, in dem man ihn aufforderte, den Sohn ernsthaft vor solchen unnötigen Bittgesuchen an Seine Majestät zu warnen.

Auch der Kreisschulinspektor ließ den Vater kurz darauf amtlich zu sich bestellen, um mit ihm über die „peinliche Angelegenheit", wie er es nannte, zu reden. Nur ein beschränkter Junge habe sich eine solche Albernheit einfallen lassen können, meinte der Kreisschulinspektor.

So war Peters Weihnachts-Bücherwunsch abschlägig beschieden worden. Wahrscheinlich hat der Kaiser seinen Brief nie zu Gesicht bekommen. Das Oberhofmarschallamt wusste wohl mit der Sehnsucht eines kleinen Jungen nach Büchern nicht allzu viel anzufangen. – Diese Geschichte ist wahr. Der sie erlebte und aufschrieb, heißt Peter Wust. Er war zunächst Lehrer in Berlin, Neuss und Trier und später Professor für Philosophie in Münster. Wust starb bereits 1940. Seine Schriften, Bücher und Gedanken sind bei vielen Menschen aber noch heute lebendig, weil sie so voller Trost und Liebe sind.

Winter

Robert Walser

Im Winter machen sich die Nebel breit. Wer darin geht, spürt unwillkürlich ein Frösteln. Die Sonne beehrt uns mit ihrer Gegenwart nur selten. Man fühlt sich alsdann gewissermaßen begnadet, wie von dem Auftreten einer schönen Frau, die sich kostbar zu machen weiß.
Winter ragt durch die Kälte hervor. Hoffentlich sind alle Stuben geheizt, alle Mäntel übergeworfen. Pelze, Pantoffeln gewinnen an Wichtigkeit, Feuer an Reiz, Wärme an Nachfrage. Winter hat lange Nächte, kurze Tage und kahle Bäume. Kein grünes Blatt kommt mehr vor. Dagegen kommt vor, daß Seen und Flüsse gefrieren, was etwas sehr Angenehmes nach sich zieht, nämlich den Schlittschuhsport. Fällt Schnee, so kommt Schneebällewerfen in Frage. Dies ist ein Zeitvertreib für Kinder, während Erwachsene lieber einen Stumpen rauchen, am Tisch sitzen und Karten spielen oder an seriösen Gesprächen Geschmack finden. Nebenbei sei Schlitteln erwähnt, woran mancher Spaß hat.
Herrliche, sonnige Wintertage gibt's. Auf gefrornem Boden klirren die Schritte. Liegt Schnee, so ist alles

weich, du gehst wie auf Teppichen. Schneelandschaften haben eine eigene Schönheit. Alles sieht feierlich, festlich aus. Weihnachtszeit ist namentlich für Kinder entzückend. Da strahlt der Weihnachtsbaum, d. h. mehr die Kerzen, die die Stube mit einem Frömmigkeits- und Schönheitsglanz erfüllen. Welcher Liebreiz! Die Tannzweige sind mit Naschwerk behängt. Zu nennen sind Engelchen aus Schokolade, zuckrige Würstchen, Basler Leckerli, in Silberpapier gewickelte Walnüsse, rotbackige Äpfel. Um den Baum sind die Familienglieder versammelt. Die Kinder sagen auswendiggelernte Gedichte auf. Nachher zeigen ihnen die Eltern ihre Geschenke, etwa mit den Worten: „Bleibe brav, wie du es bisher warst", und küssen das Kind, worauf das Kind die Eltern küßt und vielleicht alle, bei so schönen Umständen und tiefempfundenen Dingen, eine Zeitlang weinen und einander mit zitternder Stimme Dank sagen und kaum wissen, warum sie's tun, es aber richtig finden und glücklich sind. Sieh, wie mitten im Winter die Liebe strahlt, die Helligkeit lächelt, die Wärme glänzt, die Zärtlichkeit blitzt und alles Hoffenswerte und Gütige dir entgegenleuchtet.

Schnee fällt nicht Knall auf Fall, sondern langsam, d. h. nach und nach, will sagen flockenweise zur Erde. Das fliegt eins ums andere wie in Paris, wo es nicht so viel schneit wie z. B. in Moskau, von wo einst Napoleon seinen Rückzug antrat, weil er ihn für ratsam hielt. Auch in London schneit's, wo ehemals Shakespeare lebte,

der das „ Wintermärchen" dichtete, ein von Lustigkeit und Ernst gleicherweise glitzerndes Stück, worin sich ein Wiederfinden abspielt, bei dem einer der Mitwirkenden dasteht „wie ein Brunnenbild von manches Königs Regierung her", wie es im Text heißt.
Ist Schneien nicht ein allerliebstes Schauspiel? Gelegentlich einmal eingeschneit zu werden, schadet sicher nicht viel. Vor Jahren erlebte ich eines Abends ein Schneegestöber in der Friedrichstraße zu Berlin, was mir stark in Erinnerung blieb.
Kürzlich träumte mir, ich flöge über eine runde, zarte Eisfläche, die dünn und durchsichtig war wie Fensterscheiben und sich auf- und niederbog wie gläserne Wellen. Unter dem Eise wuchsen Frühlingsblumen. Wie von einem Genius gehoben, schwebte ich hin und her und war über die ungezwungene Bewegung glücklich. In der Mitte des Sees war eine Insel, auf der ein Tempel stand, der sich als Wirtshaus entpuppte. Ich ging hinein, bestellte Kaffee und Kuchen und aß und trank und rauchte hierauf eine Zigarette. Als ich wieder hinausging und die Übung fortsetzte, brach der Spiegel, und ich sank in die Tiefe zu den Blumen, die mich freundlich aufnahmen.
Wie schön ist's, daß dem Winter jedesmal der Frühling folgt.

Weihnachtsnostalgie

Peter Biqué

Eine Geschichte aus dem Internatsleben

Adventsschauspieler

Wenn wir Theater spielten, kam Abwechslung in unseren Internatsalltag. Die Proben begannen schon bald nach den Sommerferien. Zuerst mussten die Rollen verteilt und die Texte kopiert werden (was damals noch eine Rank-Xerox-Maschine erledigte), und dann wurden die ersten Szenen versucht. Die drei Aufführungen waren am dritten Advent und am Montag und Dienstag darauf, bevor es nach Hause und in die Weihnachtsferien ging.
In Jupiters Internat spielten wir damals Theater für die Eltern, für besondere geladene Gäste aus Schule, Rathaus und Vereinen und dann auch für jeden, der sich dafür interessierte. Jupiters Frau Martha leitete die Inszenierung. Es gab immer ein heiter-erbauliches Stück, das in die Vorweihnachtszeit passte, und wenn ich mich recht entsinne, spielte ich in diesem Jahr einen Lehrer, der anfangs den knurrigen Pauker gab, sich

aber schließlich zum guten Freund der Klasse mauserte. Und im Finale feierten alle zusammen Weihnachten vor einem Christbaum mit brennenden Kerzen. Ich habe jedenfalls noch ein Foto, wo ich – als Dreizehnjähriger! – einen ziemlich unnahbaren Gesichtsausdruck fabriziere, einen Hut auf dem Kopf habe und mit einem Zeigestock fuchtele.

Während die Beteiligten mit der Theaterprobe beschäftigt waren, setzte ich mich eines Abends für ein paar Minuten ab, um Jupiter, unseren Internatsleiter, in seinem Büro aufzusuchen. Ich hatte eine mathematische Frage, und Jupiter war unser Experte für alles Mathematische und außerdem noch für alles, was mit Latein zu tun hatte.

Jupiter beantwortete meine Frage souverän und erschöpfend und erkundigte sich dann, ob ich auch bei dem Theaterstück mitmache.

„Ja, Herr Kempen", sagte ich. „Ich spiele den Lehrer."

„Ihr wisst ja", sagte er, „dass ich mich nicht mit diesem Theaterkram befasse. Das ist die Sache meiner Frau. Für mich gehört das Theater zur leichten Muse. Damit kann ich nichts anfangen." Er lächelte verhalten und zuckte die Schultern. „Aber wir haben eine gewisse Tradition damit. Und den Leuten scheint es zu gefallen. Also machen wir es alle Jahre wieder vor Weihnachten. Was mich persönlich interessiert – das weißt du ja wohl –, ist die Lektüre der Schriften von Arthur Schopenhauer, den ich für den größten Denker der Menschheitsgeschichte halte, und außerdem pflege ich intensiv altrömische Autoren wie Seneca und Marc Aurel, Vergil, Horaz und Tacitus – natürlich nur in der lateinischen Originalsprache. Wenn ich noch etwas Zeit übrig habe in diesem leidigen Schülerladen" – und hier machte er eine wegwerfende Handbewegung –, „lese ich gern auch einmal ein Werk über die preußische Geschichte. Die preußische Geschichte ist außerordentlich faszinierend."

„Ich lese am liebsten Karl May", sagte ich.

Niemals, vorher nicht und nachher nicht, habe ich Jupiter so redselig erlebt wie an diesem Abend in der Adventszeit. Verwundert trottete ich wieder zur Theaterprobe.

Am schönsten am Theaterspielen war die Minute, wenn das Stück zu Ende ging und das Publikum applaudierte. Dann wussten wir, was wir geleistet hatten. Und auch Jupiter stand irgendwo in einer Saalecke und schmunzelte still vor sich hin.

Jupiter war der Chef unseres Internats, das in einem Kleinstädtchen im schönen Odenwald lag. Er konnte Latein lesen und sprechen wie ein alter Römer, und er verstand sich besser auf die Mathematik als ein altägyptischer Pyramidenbauer.

Er führte sein Haus unter dem Leitstern des alten Preußentums. Seine Zöglinge mussten die klassischen Preußentugenden verinnerlichen.

Sie mussten Disziplin, Pünktlichkeit, Sorgfalt in allen

Dingen, Zuverlässigkeit, Fleiß, Liebe zu Schopenhauer und zur Schönheit der lateinischen Sprache auf ihre Fahnen geschrieben haben, wenn sie nicht in ständigem Konflikt mit ihrem Chef leben wollten.
Denn der Chef war bei Verstößen gegen die Hausordnung, sein Tugendtabellarium, gern bereit, uns mit drastischen Strafarbeiten zu bedenken, die im Abschreiben von lateinischen Texten oder klassischen Gedichten bestanden.

19. Dezember

Das Weihnachtsfest war nahe

Marie von Ebner-Eschenbach

Das Weihnachtsfest war nahe, wir konnten die Tage bis zum 24. Dezember schon an den Fingern abzählen, als sich etwas begab, das uns in die größte Aufregung versetzte. Vor unsern Nasen gleichsam verschwanden unsere Puppen. Auf einmal waren alle fort. Eine vollständige Puppenauswanderung hatte stattgefunden. Das Bett, in das Fritzi gestern noch ihre älteste Tochter, die große Christine, schlafen gelegt hatte – leer. Die Angehörigen Christinens hinweggefegt, als ob sie nie dagewesen wären. Meine blonde Fanchette, die freilich von der Blondheit nur noch den Ruf besaß – denn eine geduldige Friseurin war ich nicht –, ebenfalls unauffindbar. Wir kramten vergeblich nach ihr in unsern Laden, durchforschten alle Schränke und Winkel. Wir liefen ins Kinderzimmer und klagten die armen kleinen Brüder des Raubes unserer Puppen an. Dass wir auch im vorigen Jahre kurze Zeit vor Weihnachten denselben Jammer erlebt und dann unter dem Christbaum ebenso viele Puppen, als wir vermisst hatten, mit glänzend lackierten Gesichtern, reichem Gelock

und schön gekleidet sitzen sahen, fiel uns nicht ein. Oh, wir waren dumme Kinder! Ich glaube nicht, dass es heutzutage noch so dumme Kinder gibt.
Pepinka, ärgerlich über die Nachgrabungen, die wir nun auch in dem von ihr beherrschten Reiche zu unternehmen begannen, ließ sich zu einem unvorsichtigen Worte hinreißen. „Geht, geht! Sucht eure Puppen dort, wo sie sind."
„Weißt du, wo sie sind? … Ja, ja, du weißt es! Wo sind sie?" Wir ließen nicht nach, gaben ihr keine Ruhe, bis sie endlich, um uns loszuwerden, sagte: „Die kleine Greislerin hat sie gestohlen. Grad ist sie mit der Christine über die Gasse gelaufen."
Gestohlen also! Unsere Kinder gestohlen! Durch die kleine Greislerin – oh, das leuchtete uns ein. Der konnte man alles Schlechte zutrauen. Ihre Mutter hatte einen Laden, gerade unter einem der Fenster des Kinderzimmers. Wir kauften dort die Glas- und Steinkugeln, mit denen wir eine Art Kriegsspiel spielten. Von der Mutter erhielten wir immer fünf Stück für einen Kreuzer, von der Tochter nur drei. Genügte das nicht, um uns ein Licht aufzustecken über das ganze Wesen dieser Person? Sie, natürlich, war die Puppenentführerin, sie lief herum mit der Christine, an ihr musste Rache genommen werden. Es musste! Ich war Feuer und Flamme dafür, und es gelang mir, meine Schwester davon zu überzeugen. Auch die sanfteste Mutter kann grausam werden, wenn es Kindesraub zu bestrafen

gilt. Am liebsten würden wir die Missetäterin durchgeprügelt haben – woher aber die Gelegenheit dazu nehmen? Sie bei der Frau Greislerin verklagen? Ach, die tut ihr nichts, die fürchtet sich selbst vor ihr. Was also soll geschehen? Was für ein Gesicht soll unsere Rache haben? Ein schwarzes!, machten wir endlich aus. Es war beschlossen, was der Diebin geschehen soll: Wir werden ihr Tinte auf den Kopf gießen.

Pepi war ins Nebenzimmer zu den Kleinen gegangen und hatte die Tür geschlossen; wir glaubten unser nichtsnutziges Vorhaben ungestört ausführen zu können. Ich holte eilends das Fläschchen herbei, das unsern Tintenvorrat enthielt; wir schoben in das Fenster, unter dem der Greislerladen sich befand, einen Schemel und bestiegen ihn. Fritzi öffnete den inneren Fensterflügel und mit Mühe nur ein wenig den äußeren, und ich steckte den mit der Tintenflasche bewaffneten Arm durch den Spalt. Jetzt – hinunter mit dem Guss! Hinunter auf die Greislerin, die natürlich nichts Besseres zu tun hat, als dazustehen und ihm ihr schuldiges Haupt darzubieten.

Die spanische Armada war einst nicht siegesgewisser ausgezogen als wir zu unserer Unternehmung – und ihr Schicksal teilten wir. Die Elemente erhoben sich wider uns. Es stürmte an dem Tage im Rotgässchen wie anno 1588 auf dem Atlantischen Ozean, und noch dazu gab's ein Gestöber von weichem Schnee. Ein Windstoß entriss meiner Schwester den Fensterflügel und schlug ihn gleich darauf so schnell wieder zu, dass ich kaum Zeit hatte, meinen ausgestreckten Arm zurückzuziehen und das Tintenfläschchen vor dem Sturze zu retten. Sein Inhalt übersprühte die Glasscheibe, tropfte, mit Schnee und Regen vermischt, vom Fenstersimse herab, umhüllte meine Finger mit der Farbe der Trauer.

Laut und lebendig gestaltete sich der Schluss des ganzen Abenteuers. Pepinka musste etwas von unserm Treiben vernommen haben, denn plötzlich stürzte sie herbei. Ihr Antlitz glich dem rot aufgehenden Monde, ihre Haubenbänder flogen – ich weiß noch recht gut, dass sie eidottergelb waren.

„Ihr Verdunnerten!“, rief sie. „Jesus, Maria und Josef! Fenster aufreißen, mitten im Winter! Was fällt euch ein, ihr, ihr …“ Der Rest sei Schweigen. Mögen die Ehrentitel, mit denen sie uns ausstattete, der Vergessenheit anheimfallen. Sie bildeten eine relativ milde Einleitung zu den in prophetischem Tone ausgesprochenen Worten: „Ihr könnt euch freuen. Gleich wird die Polizei über euch kommen!“

Da war mit einem Mal alles erloschen, jeder Funke des Hasses gegen die Greislerin und bis aufs letzte Flämmchen unsere lodernde Racheglut. Nur noch einen heißen Wunsch hatten wir, nur mit einer Bitte bestürmten wir Pepinka: Nur die Polizei nicht hereinlassen! Nur der Polizei nicht erlauben, dass sie komme, uns „einzuführen“!

Kinderweihnacht

Monika Hunnius

Weihnachten! Welch ein Zauber liegt in diesem Wort! Mir ist es immer, als öffnete sich damit der Blick in den Sternenhimmel, und die Freude funkelte herab, auch in die Dunkelheit trüber Zeiten. Man stellte seine Sorgenlast für eine Weile beiseite und befreite seine Seele, damit sie hell dastehe, frei vom Alltagsstaub, und das Licht aufnimmt und widerstrahlt, Liebe empfängt und Liebe gibt. In wie vielen Herzen, die von der Not des Lebens dunkel geworden sind, strahlt das Licht der Weihnachtsfreude, lehrt sie aufschauen und wieder an das Licht glauben, wie viel Ohren, die sich verschlossen hatten, tun sich auf bei dem Klang der Weihnachtsglocken und horchen auf die Frohe Botschaft, die uns allen verkündet wird. Kommt auch bald wieder der Alltag zu seinem Recht, kommen auch die dunklen Seiten wieder, erlischt die Freude in manchem Leben ganz, man hat doch immer wieder ins Licht schauen dürfen, man hat den Klang der Weihnachtsglocken gehört, man war doch wieder einmal froh gewesen und hatte Liebe gegeben und empfangen. – Gesegnet sei darum unser liebes Weihnachtsfest! –

Wir lebten in einer kleinen Stadt Estlands, unser Haus lag dicht an der Kirche, und das Glockengeläute an den Festtagen durchtönte es bis in den letzten Winkel. Dadurch hatten die Festtage bei uns ganz besonderes Gepräge. Auch verstand meine Mutter so wunderbar, Feste zu feiern.
Es war so viel Freude in ihr, und die Freude ging wie ein großer Strom voll Leben von ihr aus. Niemals aber empfanden wir das so stark wie in der Weihnachtszeit. Wie herrlich waren schon die Vorbereitungen! Die ganze Adventszeit war so voller Erwartung; der bunte Adventsstern, der vom ersten Advent an in unserem Zimmer hing, die Advents- und Weihnachtslieder, die wir mit unserer Mutter sangen, und die Geheimnisse, die um uns entstanden! Es war gar kein Alltag mehr, denn jeder Tag war durchrauscht von froher Feststimmung und Erwartung.
Wie köstlich war es, wenn Mutter dazwischen in ihrem Zimmer verschwand, und wir nicht hineinkommen durften! Wenn sie auf Besorgungen ging, bei denen wir sie nicht begleiten durften, und von wo sie mit großen, geheimnisvollen Paketen wieder heimkam! Wie köstlich war es, auf dem Fußboden von Mutters Zimmer dazwischen ein Stückchen Schaumgold zu finden! Wir dachten ganz sicher, die Engel hätten es von ihren Flügeln verloren.
Und dann war plötzlich der Weihnachtsabend da! Geheimnisvoll rauschend wurde der Tannenbaum durch

das Haus getragen, mit Herzklopfen lauschten wir, in unserem Kinderzimmer eingeschlossen, wie die Zweige unsere Tür streiften. Von diesem Augenblick an war das Wohnzimmer für uns den ganzen Tag verschlossen. Unsere Puppen saßen schon längst festlich gekleidet auf dem Fensterbrett und durften all die Herrlichkeiten früher als wir sehen. Wir lagen auf dem Fußboden und versuchten, durch die Ritze der Tür irgendeinen Schimmer der Herrlichkeit zu erspähen.

Ach, und wenn es dann Abend wurde und die verschlossene Tür sich weit auftat, Geheimnisse sich enthüllten und alles voll Glanz und Freude war! Weihnachtsfreude, Kinderseligkeit, so oft geschildert, so oft besungen, wer fände aber doch die rechten Worte, alles das ganz auszusprechen!

Es gab aber einmal ein Weihnachten, wo ich bitterlich weinte. Von diesem Weihnachtsfest will ich erzählen.

Es war Adventszeit. – Ich hatte eine heißgeliebte Puppe, sie hieß Adelchen, sie war groß, hatte einen Porzellankopf, himmelblaue Augen und schwarze angemalte Locken. Ich liebte sie über alles, und doch plagte mich einmal die Neugierde zu erfahren, was „in ihr drin" sei. Ich teilte diese Sehnsucht meiner kleinen Schwester Elisabeth mit, und eines Tages fassten wir den ruchlosen Plan, der Sache auf den Grund zu gehen. Wir entkleideten Adelchen, bohrten und fühlten an ihrem Körper lange herum, konnten aber nicht ergründen, woraus sie „gemacht" war. Da ergriff ich eine Schere und schlitzte ihr den Leib auf. Ein Strom von Sägespänen ergoss sich aus der Wunde. Voller Staunen sahen wir dem Strom zu, vergrößerten grausam mit den Fingern den Riss und sahen kaltblütig ihr Leben entströmen. Plötzlich wurde uns bange, sie wurde welk und dünn. Wenn wir sie aufsetzen wollten, knickte sie zusammen, und ihr schwerer Porzellankopf sank ihr vornüber.

Ein großer Schmerz kam über mich, und mein kleines Schwesterchen fing an zu weinen. In unserer Angst brachten wir unser Opfer zu unserer alten Wärterin. „Mein Gott, welche Kinder", war ihr beängstigender Ausruf bei unseren Unarten. Sie führte uns Schuldbeladene mit dem Opfer, das welk über ihrem Arm hing, zu unserer Mutter, die die Puppe fortnahm, und ich weinte mich abends in den Schlaf vor Sehnsucht nach der Heißgeliebten, so grausam Ermordeten.

Nach einigen Tagen dachte ich, meine Mutter würde sie uns geheilt wiedergeben. Als sie aber gar keine Anstalten dazu machte, trieb mich die heiße Sehnsucht zu der Bitte, Mutter möchte mir doch Adelchen wiedergeben.

„Nein", war die Antwort, „das habt ihr nicht verdient, das Christkindchen hat die Puppe geholt, wird sie zu Weihnachten reparieren und sie wohl den armen Kindern bringen."

Traurig hörte ich den Bescheid und dachte, ich hätte diese Strafe wohl verdient. Nur dass Adelchen für arme Kinder da sein sollte, konnte ich nicht verwinden.

Überhaupt, die „armen Kinder" waren vor Weihnachten ein Stein des Anstoßes für mich, über den ich oft stolperte. Immer musste man ihnen was weggeben von seinen Sachen! Meine Kleider schenkte ich gern fort, auch meine sonstigen Spielsachen, nur wenn es eine Puppe wegzugeben galt, zerriss es mir das Herz. Dazu sagte Mutter noch, wenn man den Armen nicht froh und gern gäbe, so trüge das Geben keinen Segen. – Und nun war Weihnachten da! Trotz Adelchens Verlust waren die Tage vorher wie sonst, voll herrlichster Erwartung, voll kühnster Träume, glühendster Wünsche, auf deren Erfüllung man mit Zittern wartete.

Ich hatte für meine Eltern ein Gedicht auswendig gelernt, dessen ersten Vers ich mit mühsam steifen Buchstaben auf ein „Wunschpapier" geschrieben hatte. Dieses Wunschpapier zu Weihnachten einzukaufen, war ein herrliches Erlebnis. Es war ein feierlicher Augenblick, wo wir unter den Flügeln unserer alten Wärterin in den Laden gingen, jedes sein Fünfzehnkopekenstück in der Hand. Wir wählten in der größten Aufregung und konnten uns immer nicht zum Einkauf entschließen, bis unsere Wärterin für uns endlich die Entscheidung traf. Mit unseren Wunschpapieren in den Händen, mit klopfendem Herzen standen wir dann hinter der Tür des Weihnachtszimmers. Nun öffnete sie sich weit. Mutter spielte den Choral, Vater stand neben ihr am Flügel mit dem Neuen Testament in der Hand, aus dem wunderbare Buchzeichen an bunten Bändern he-

raushingen. Wir sangen Weihnachtslieder, hörten das Weihnachtsevangelium und wagten gar nicht, nach dem Baum oder unseren Geschenken hinzuschauen. Das war uns nämlich von unserer alten Wärterin fest eingeprägt: „Ehe ihr euer Gedicht aufgesagt habt, dürft ihr nichts sehen", und nun sollte ich mein Gedicht aufsagen. Ich überreichte Vater mein Wunschpapier und fing an „Ihr Kinderlein, kommet, o kommet", doch als ich so weit kam, da hatte ich meinen Blick erhoben und nach dem Gabentisch hingeschaut. Was sah ich? In der Mitte des Tisches saß mein Adelchen in einem neuen Kleide, mit wohlgefülltem Körper und steif abstehenden Armen. Über diesen Anblick vergaß ich alles, ich stand mit weit geöffneten Augen da, und mein Herz stand vor Seligkeit einen Augenblick still.
Ich verstummte und konnte mein Gedicht nicht weiter sagen. Mein Vater war ernst und ein wenig streng. Pflichttreue und Selbstüberwindung mussten wir schon als kleine Kinder zu üben versuchen. Er blickte missbilligend nach mir hin, meine Mutter half mir, aber mein Gedächtnis ließ mich vollständig im Stich, und ich brach in Tränen aus.
Trotzdem wurde der Abend noch schön. Tränenüberströmt schloss ich mein Adelchen in meine Arme und beruhigte mich, als meine Eltern sagten, sie wären mir nicht mehr böse.
Als ich abends in meinem Bett lag mit Adelchen im Arm und mein Abendgebet sprach, dankte ich zuerst

dem lieben Gott für mein wiedergeschenktes Kind. Dann kam eine heiße Bitte um Vergebung, dass ich meine Eltern so schwer betrübt hätte, und dann ging alles unter in dem einen Glückgefühl, dass die armen Kinder mein Adelchen nicht bekommen hatten! Und den kalten Porzellankopf meiner Puppe fest an meine heißen Kinderwangen gedrückt, schlief ich selig und dankbar ein.

Eine Erzählung für Kinder

Leo Tolstoi

Ein Mädchen und ein Knabe fuhren in einer Kalesche von einem Dorf in das andere. Das Mädchen war fünf und der Knabe sechs Jahre alt. Sie waren nicht Geschwister, sondern Vetter und Base. Ihre Mütter waren Schwestern. Die Mütter waren zu Gast geblieben und hatten die Kinder mit der Kinderfrau nach Hause geschickt.

Als sie durch ein Dorf kamen, brach ein Rad am Wagen, und der Kutscher sagte, sie könnten nicht weiterfahren. Das Rad müsse ausgebessert werden, und er werde es gleich besorgen.

„Das trifft sich gut", sagte die Njanja, die Kinderfrau. „Wir sind so lange gefahren, dass die Kinderchen hungrig geworden sind.

Ich werde ihnen Brot und Milch geben, die man uns zum Glück mitgegeben hat."

Es war im Herbst, und das Wetter war kalt und regnerisch. Die Kinderfrau trat mit den Kindern in die erste Bauernhütte, an der sie vorüberkamen.

Die Stube war schwarz, der Ofen ohne Rauchfang. Wenn diese Hütten im Winter geheizt werden, wird die

Tür geöffnet, und der Rauch zieht so lange aus der Tür, bis der Ofen heiß ist.
Die Hütte war schmutzig und alt, mit breiten Spalten im Fußboden. In einer Ecke hing ein Heiligenbild, ein Tisch mit Bänken stand davor. Ihm gegenüber befand sich ein großer Ofen.
Die Kinder sahen in der Stube zwei gleichaltrige Kinder; ein barfüßiges Mädchen, das nur mit einem schmutzigen Hemdchen bekleidet war, und einen dicken, fast nackten Knaben. Noch ein drittes Kind, ein einjähriges Mädchen, lag auf der Ofenbank und weinte ganz herzzerreißend. Die Mutter suchte es zu beruhigen, wandte sich aber von ihm ab, als die Kinderfrau eine Tasche mit blinkendem Schloss aus dem Wagen ins Zimmer brachte. Die Bauernkinder staunten das glänzende Schloss an und zeigten es einander.
Die Kinderfrau nahm eine Flasche mit warmer Milch und Brot aus der Reisetasche, breitete ein sauberes Tuch auf dem Tisch aus und sagte: „So, Kinderchen, kommt, ihr seid doch wohl hungrig geworden?“ Aber die Kinder folgten ihrem Ruf nicht. Sonja, das Mädchen, starrte die halb nackten Bauernkinder an und konnte den Blick nicht von ihnen abwenden. Sie hatte noch nie so schmutzige Hemdchen und so nackte Kinder gesehen und staunte sie nur so an. Petja aber, der Knabe, sah bald seine Base, bald die Bauernkinder an und wusste nicht, ob er lachen oder sich wundern sollte. Mit besonderer Aufmerksamkeit musterte Sonja

das kleine Mädchen auf der Ofenbank, das noch immer laut schrie.
„Warum schreit sie denn so?“, fragte Sonja.
„Sie hat Hunger“, sagte die Mutter.
„So geben Sie ihr doch etwas.“
„Gern, aber ich habe nichts.“
„So, jetzt kommt“, sagte die Njanja, die inzwischen das Brot geschnitten und zurechtgelegt hatte.
Die Kinder folgten dem Ruf und traten an den Tisch. Die Kinderfrau goss ihnen Milch in kleine Gläschen ein und gab jedem ein Stück Brot. Sonja aber aß nicht und schob das Glas von sich fort. Und Petja sah sie an und tat das Gleiche. „Ist es denn wahr?“, fragte Sonja, auf die Bauersfrau zeigend.
„Was denn?“, fragte die Njanja.
„Dass sie keine Milch hat?“
„Wer soll das wissen? Euch geht es nichts an.“
„Ich will nicht essen“, sagte Sonja.
„Ich will auch nicht essen“, sprach Petja.
„Gib ihr die Milch“, sagte Sonja, ohne den Blick von dem kleinen Mädchen abzuwenden.
„Schwatze doch keinen Unsinn“, sagte die Njanja. „Trinkt, sonst wird die Milch kalt.“
„Ich will nicht essen, ich will nicht!“, rief Sonja plötzlich. „Und auch zu Hause werde ich nicht essen, wenn du ihr nichts gibst.“
„Trinkt ihr zuerst, und wenn etwas übrig bleibt, so gebe ich ihr.“

„Nein, ich will nichts haben, bevor du ihr nicht etwas gegeben hast. Ich trinke auf keinen Fall."
„Ich trinke auch nicht", wiederholte Petja.
„Ihr seid dumm und redet dummes Zeug", sagte die Kinderfrau. „Man kann doch nicht alle Menschen gleichmachen! Das hängt eben von Gott ab, der dem einen mehr gibt als dem andern. Euch, eurem Vater hat Gott viel gegeben."
„Warum hat er ihnen nichts gegeben?"
„Das geht uns nichts an – wie Gott will", sagte die Njanja.
Sie goss ein wenig Milch in eine Tasse und gab diese der Bauersfrau. Das Kind trank und beruhigte sich.
Die beiden anderen Kinder aber beruhigten sich noch immer nicht, und Sonja wollte um keinen Preis etwas essen oder trinken. „Wie Gott will...", wiederholte sie. „Aber warum will er es so? Er ist ein böser Gott, ein hässlicher Gott, ich werde nie wieder zu ihm beten."
„Pfui, wie abscheulich!", sagte die Njanja. „Warte, ich sage es deinem Papa."
„Du kannst es ruhig sagen, ich habe es mir ganz bestimmt vorgenommen. Es darf nicht sein, es darf nicht sein."
„Was darf nicht sein?", fragte die Njanja.
„Dass die einen viel haben und die andren gar nichts."
„Vielleicht hat Gott es absichtlich so gemacht", sagte Petja.
„Nein, er ist schlecht, schlecht. Ich will weder essen noch trinken. Er ist ein schlimmer Gott! Ich liebe ihn

nicht.“ Plötzlich ertönte vom Ofen herab eine heisere, vom Husten unterbrochene Stimme. „Kinderchen, Kinderchen, ihr seid liebe Kinderchen, aber ihr redet Unsinn.“
Ein neuer Hustenanfall unterbrach die Worte des Sprechenden. Die Kinder starten erschrocken zum Ofen hinauf und erblickten dort ein runzliges Gesicht und einen grauen Kopf, der sich vom Ofen herabneigte.
„Gott ist nicht böse, Kinderchen, Gott ist gut. Er hat alle Menschen lieb. Es ist nicht sein Wille, dass die einen Weißbrot essen, während die anderen nicht einmal Schwarzbrot haben. Nein, die Menschen haben es so eingerichtet. Und sie haben es darum getan, weil sie ihn vergessen haben.“
Der Alte bekam wieder einen Hustenanfall.
„Sie haben ihn vergessen und es so eingerichtet, dass die einen im Überfluss leben und die anderen in Not und Elend vergehen. Würden die Menschen nach Gottes Willen leben, dann hätten alle, was sie nötig haben.“
„Was soll man aber tun, damit alle Menschen alles Nötige haben?“, fragte Sonja.
„Was man tun soll?“, wisperte der Alte.
„Man soll Gottes Wort befolgen. Gott befiehlt, man soll alles in zwei Teile teilen.“
„Wie, wie?“, fragte Petja.
„Gott befiehlt, man soll alles in zwei Teile teilen.“
„Er befiehlt, man soll alles in zwei Teile teilen“, wiederholte Petja.

„Wenn ich einmal groß bin, werde ich das tun."
„Ich tue es auch", versicherte Sonja.
„Ich habe es eher gesagt als du!", rief Petja. „Ich werde es so machen, dass es keine Armen mehr gibt."
„Na, nun habt ihr genug Unsinn geschwatzt", sagte die Njanja. „Trinkt die Milch aus."
„Wir wollen nicht, wollen nicht, wollen nicht!", riefen die Kinder einstimmig aus. „Wenn wir erst groß sind, tun wir es unbedingt."
„Ihr seid brave Kinderchen", sagte der Alte und verzog seinen Mund zu einem breiten Lachen, dass die beiden einzigen Zähne in seinem Unterkiefer sichtbar wurden. „Ich werde es leider nicht mehr erleben. Ihr habt aber einen wackeren Entschluss gefasst. Gott helfe euch."
„Mag man mit uns machen, was man will", rief Sonja, „wir tun es doch!"
„Wir tun es doch", sagte auch Petja.
„Das ist recht, das ist recht", sprach der Alte lächelnd und hustete wieder. „Und ich werde mich dort oben über euch freuen", sprach er, nachdem der Husten vorbei war. „Seht nur zu, dass ihr's nicht vergesst."
„Nein, wir vergessen es nicht!", riefen die Kinder aus.
„Recht so, das wäre also abgemacht."
Der Kutscher kam mit der Nachricht, dass das Rad ausgebessert sei, und die Kinder verließen die Stube.
Was aber weiter sein wird, werden wir ja sehen.

Das große Weihnachtsquiz

-minu

Klara Schmid saß über ihren Rechnungsbüchern. Sie rieb sich die Stirn. „Hoffnungslos", seufzte sie, „wenn nicht ein Wunder geschieht, werden wir auf Ende Jahr schließen müssen." Sie schaute aus dem Fenster. Der Novembernebel hüllte den großen Garten mit seinem perlenden grauen Netz ein. Simon, der junge Koch, den sie vor zwei Jahren direkt aus der Lehre in ihrem Altersheim eingestellt hatte, stürmte ins Zimmer: „Chefin – soll ich für Sonntag eine russische Crème aufs Menu nehmen? Unsere Leute mögen die so gerne!" Klara Schmid lächelte traurig: „Simon, wir sind ein Altersheim, kein Fünfsternehotel. Wir müssen mit jedem Rappen haushalten. Und im Keller hat's noch viel eingemachtes Obst." Simon verteidigte sich: „Ich spare, wo ich kann, wir verwerten die Reste, wir haben in der ganzen Küche IWB-Oeko-Strom, wir ..." Klara stand auf und klopfte ihm auf die Schultern: „Ich weiß. Du bist eine Perle. Und es bricht mir fast das Herz, aber die Bank will die Hypothek nicht erhöhen." Sie zupfte einen Brief aus dem Stapel Post, der geöffnet neben ihrem Rechnungsbuch lag: „Da! Sie lehnen mein Gesuch ab: Auch wenn der große Garten mal gutes Bauland abgeben würde, so könne man den Kredit dennoch nicht einfach bewilligen. Gezeichnet: Prokurist Bucheli." Traurig fuhr sie fort: „Seit drei Generationen sind das ‚Haus zur goldenen Sonne' und der Garten in meiner Familie; seit 25 Jahren versuche ich es als Altersheim zu halten. Doch die Unterhaltskosten werden teurer und teurer … Es sieht fast so aus, als müssten wir Ende Jahr schließen."

Tanja kam aus dem Zimmer ihrer Großmutter. Sie lächelte Simon zu, der mit einem Teller Weihnachtsgutzi (Plätzchen) auf sie gewartet hatte, „Pssst, sie ist eingenickt. Ich habe ihr vorgelesen. Sie ist wirklich glücklich hier." „Nicht mehr lange", entfuhr es Simon. „Was soll das heißen?"
Tanja schaute ihn erschrocken an. Und der junge Koch erzählte dem Mädchen, was er am Morgen von der Chefin erfahren hatte: „… es bedeutet auch, dass ich von hier weggehen muss", fuhr er nun unglücklich fort, „dabei liebe ich diese alten Menschen. O. k., nicht alle. Der alter Herbert Huber kann ein richtiges Ekel sein … pensionierter Mathe-Lehrer … pingelig. Und immer giftig drauf. Kein Wunder, dass Paddy, sein einziger Enkel, sich auch nicht mehr meldet. Den hat er mit seiner Besserwisserei doch vergrault. Aber die anderen, weißt du, die werden mir fehlen. Leute, wie deine Großmut-

ter.“ Tanja lächelte unsicher: „Simon, übermorgen beginnt der Advent. Man sagt immer, es sei die Zeit der Wunder. Wer weiß …?“

Die 22 Pensionäre der „Goldenen Sonne“ saßen vor dem Bildschirm. Und drückten dem Paar, das da eine der Fragen im Millionenspiel lösen sollte, die Daumen. „Pythagoras!“, brüllte der alte Huber. „Das ist die Formel von Pythagoras!“ Die anderen seufzten. Sie hätten die Antwort auch nicht gewusst. Zugegeben – Allroundstänkerer Huber wusste immer alles. Aber er ging den Übrigen mit seiner nörglerischen Alleswisserei zünftig auf die Nerven. Als Herbert Huber die drei nächsten Lösungen auch wieder wie aus der Pistole geschossen herausposaunte, kam Simon eine Idee: „Herr Huber, kann ich mal mit Ihnen reden?“

Der alte Mann schaute den Jungen ungläubig an: „Und sie muss wirklich schließen?“ Simon nickte: „Um weiterzumachen, fehlt eine halbe Million. Und ich bin sicher, die holen wir uns mit Ihrem Wissen.“ Herbert Huber hüstelte: „Na ja, also ich weiß nicht recht … immerhin bin ich jetzt auch schon 83 … und Fernsehen? Da habe ich keine Erfahrungen.“ „Ich bin ja dabei“, grinste Simon. Der alte Huber wollte eben eine spitze Bemerkung loslassen, wurde dann aber nachdenklich: „Es wäre schrecklich, hier weggehen zu müssen. Das ‚Haus zur goldenen Sonne‘ ist mein Heim, meine Familie … ich habe sonst niemanden mehr.“ „Paddy“, warf Simon ein. Der Alte fuhr auf: „Pah, Paddy, der ist

ab nach Paris. Kunststudium. Ich habe ihm zünftig die Leviten gelesen und ..." „Ja oder nein?", unterbrach ihn Simon scharf. Herbert Huber gab sich einen Ruck: „Nun ja – wie schon Goethe sagte: Probieren geht über Studieren ..." Simon strahlte den Alten an. Der grinste: „Das war nicht Goethe, du Dummi – also setz' dich auf deine Arschbacken und büffle für unsern Auftritt!"
Es war eine Woche vor dem Heiligen Abend, als die Pensionäre der „Goldenen Sonne" vor der Fernsehkiste saßen. Auf dem Adventskranz flackerten drei Kerzen. Alle starrten gebannt auf den Bildschirm – Simon und Herbert hatten es bis zur Millionenfrage geschafft. 50.000 Franken waren ihnen schon mal sicher. Als der Moderator die beiden fragte, ob sie bei den sichern 50.000 Franken nicht aufhören wollten, war es der Alte, der die gespannte Stille im Publikum unterbrach: „Wer wagt, gewinnt – wir machen weiter!" Schon kam die sphärische Musik. Und die Frage: „Wer begleitete die Toten über den Styx in den Hades?" Stille. Eiserne Stille. Der alte Huber hielt die Augen geschlossen. Als die Glocke schellte, schüttelte er den Kopf: „Tut mir leid ... tut mir wirklich leid ... Charon war nur der Fährmann, aber wer sie führte, weiß ich nicht." Die Musik brach in einem Crescendo zusammen. Das Publikum jaulte auf. „Es wäre zu schön gewesen", seufzte Klara, „aber Wunder kann man nicht erzwingen." Der Moderator versuchte die beiden zu trösten: „Es war Hermes – aber 50.000 sind ja auch ganz schön." Da wandte sich der

alte Huber zur Kamera: „Ja. Aber es reicht nicht. Wir brauchen mehr, viel mehr." Und schon erzählte er von den Nöten Klaras, vom „Haus zur goldenen Sonne", das für viele eine Heimat bedeute. Und das nun wohl im neuen Jahr schließen müsse, weil das Geld fehle. Hubert zeigte auf Simon: „Dieser tapfere Junge kam auf die Idee mit dem Millionenspiel. Wir haben gekämpft, denn es lohnt sich, für ein gutes Zuhause zu kämpfen." Die Leute im Fernsehstudio standen auf. Applaudierten. „... und wie lautet die Bankverbindung der ‚Goldenen Sonne?'", hörte man den Moderator noch fragen. Dann knipste Klara den Fernseher aus: „Die beiden haben sich trotz der Niederlage großartig geschlagen. Wir werden ihnen einen Empfang bereiten, wie für Cäsar nach seinen Eroberungen."
Nach seinem Fernsehauftritt war Herbert nicht wieder zu erkennen: „Ach Kinder – jetzt weiß ich erst, wie es meinen Schülern zumute war. Schrecklich. Ich muss ein fürchterliches Ekel gewesen sein!" Zwei Tage vor Weihnachten saß Klara wieder über ihren Kontobüchern, als der Briefträger mit einem riesigen Sack eintrat: „Ich komme mir vor wie der Weihnachtsmann", lachte er. „Alles Briefe für Sie!" Klara schaute mit großen Augen auf die Fülle von Couverts, zupfte eines heraus. Öffnete es. Ein Check über 150 Franken flatterte zu Boden: „... und so ist es uns eine echte Weihnachtsfreude, Ihnen dieses kleine Geschenk zu schicken", hieß es im Begleitbrief. Klara öffnete einen zweiten

Umschlag. Hier war eine Hunderternote an einen Zettel geheftet: „Viel Glück!", stand da nur. „Meine Frau und ich haben auf Weihnachtsgeschenke verzichtet", sagte der Postler, „wir haben das Geld direkt auf Ihr Bankkonto einbezahlt." „Aber ... aber ...", stammelte Klara. „Ja haben Sie's nicht gewusst?", schaute sie der Postmann nun ungläubig an. „Der Moderator hat nach der Sendung die ganze Schweiz zu einer Sammlung für Sie und das Haus aufgerufen!" In diesem Moment schellte das Telefon: „Hier Prokurist Bucheli. Ja liebe, liebe Frau Schmid, ich wollte Ihnen nur die freudige Mitteilung machen, dass wir die Hypothek natürlich gerne bewilligen, wir fragen uns nur wozu. Ihr Konto ist ja innert drei Tagen auf über 700.000 Franken angewachsen und ..."

Klara Schmid saß an ihrem Pult. Simon und Herbert standen vor ihr. „Alleine in den Briefen waren Checks und Noten über 140.000 Franken", strahlte sie. „Ich weiß gar nicht, wie ich euch danken kann." Schließlich streckte sie Herbert Huber einen Umschlag hin: „Der hier ist persönlich. Und an Sie." Der alte Lehrer öffnete den Brief. Er las die Zeilen – und blieb eine Minute lang stumm. Dann blickte er mit geröteten Augen zu Klara: „Es ist von Paddy. Eine Basler Freundin hat ihm von unserm Fernsehauftritt erzählt. Er hat sich alles im Internet angeschaut. Und er schreibt, er komme am Weihnachtstag hierher ... er sei so stolz auf mich." Langsam kullerten ihm zwei Tränen über die welken

Backen. „Stolz“, flüsterte der alte Huber, „stolz auf seinen dummen Großvater …“
Simon aber strahlte seine Chefin an: „Ich glaube fast, wir können die russische Crème für den Weihnachtstag aufs Menu setzen!“

Der Traum

Susanne Niemeyer

Die Hütte steht am Wald. Eigentlich ist die Hütte keine Hütte, sondern ein Bauwagen, von dem irgendwann mal die Räder abgeschraubt wurden. Als klar war, dass er nirgendwo mehr hinfahren sollte. Eine frühe Dämmerung hat begonnen, die Bäume in Schattenrisse zu verwandeln. Magda kommt gern hierher, obwohl Oma der sonderbarste Mensch ist, den sie kennt. Wer lebt mit dreiundsiebzig Jahren schon in einem Bauwagen? „Hast du denn keine Angst?“, hat Magda einmal gefragt und Oma hat gelacht, als sei das eine besonders lustige Idee. „Ich habe doch meine Gänse!“ Die Gänse schnattern draußen. Manchmal schlachtet Oma eine, und dann gibt es Gänsebraten für alle. Eigentlich ist Oma gar nicht Magdas Oma, sondern Papas Tante. Aber weil sie keine eigene Familie hat und weil es nie langweilig mit ihr war, wählte sie Magda einfach als Leihoma.

Im Bauwagen brennt Licht. Es flackert ein bisschen, und Magda weiß, dass Oma den Ofen angemacht hat. Vielleicht gibt es Blinis. Das sind kleine Pfannkuchen aus Russland. Oma sagt, sie war mal in Russland und wäre fast Zarin geworden. Aber Magda weiß nicht, ob sie ihr das glauben soll. Sie stellt ihr Fahrrad am Zaun ab. Die Gänse schnattern empört. „Schschsch", macht Magda und zieht ihre Handschuhe aus. Dann klopft sie an die Tür.

Oma trägt einen gestrickten Pullover und einen Schal mit Streifen. „Schnell, schnell, schließ die Tür, damit der Wind nicht reinkommt!" Magda tut, wie ihr geheißen. „Setz dich, der Tee ist heiß und die Blinis auch ..." Oma fragt nach der Schule und wie es Papa geht. „Bald ist Weihnachten", beginnt Magda zögernd und wirft einen vorsichtigen Seitenblick auf Oma. Ihre Stirn kräuselt sich. „Mmm", macht sie, „so wird es wohl sein." „Kommst du?" Magda will unbedingt mit Oma Weihnachten feiern. Aber sie weiß, dass Oma nicht gern kommt. Es ist ihr zu laut. Zu viele Menschen. Am liebsten bleibt sie hier im Wald. „Allein mit meinem lieben Gott, das weißt du doch." „Ich sehe keinen Gott", erwidert Magda und es klingt trotziger als gewollt. Aber Oma lächelt bloß. „Ich träume von ihm", sagt sie und greift nach der Pfeife auf dem Tisch. Oma ist die einzige Frau, die Magda je mit Pfeife gesehen hat. Die Schneeflocken fallen jetzt dick und flauschig.

„In meinen Träumen steht Gott am Fenster und wartet auf den Abend. Die Stube ist warm. Er sitzt am Tisch und duftet wie Brot. Es gibt einen freien Stuhl, der ist für mich. Sein Holz ist glatt von all den Jahren. In meinen Träumen ist Gott der Wächter der Nacht. Seine Glocke läutet in der Dunkelheit. Wer jetzt nicht daheim ist, den ruft er nach Haus. Die Müden singt er in den Schlaf. Die Weiden lässt er rauschen, sanft wie sein Atem über der Welt."

Einen Moment meint Magda tatsächlich ein Rauschen zu hören. Es wird der Wind sein, der die Schneeflocken vor sich hertreibt.

„In meinen Träumen ist Gott der Lotse auf dem Strom der Zeit", fährt Oma fort. „Breit fließt er dahin und schwarz sind seine Tiefen. Ich bin ein Boot auf dem Wasser. Ein kunterbuntes Boot." Sie lächelt versonnen. „Gott weiß, wohin ich will."

Magda schaut Oma mit großen Augen an. So hat sie Gott noch nie gesehen. „Müsstest nicht eher du wissen, wohin Gott will?"

„Ach weißt du", antwortet Oma, und ihr Blick ist nun wieder klar, „vielleicht ist das ganz genau dasselbe. Wohin sollte Gott mich denn bringen, wohin ich nicht will?"

Magda überlegt einen Moment. „Wolltest du denn hierhin? Hier, wo du jetzt bist?"

Oma nickt. „Sicher."

„Wie kannst du das so genau sagen?"

Oma steht auf und legt ein Stück Holz in die Glut. Sie nimmt den Kessel und füllt Magdas Glas. „Ich kann es sagen, weil ich ja hier vor dir stehe. Wo sollte ich sonst sein?" Magda zuckt mit den Schultern. „Du hättest heiraten können. Du hättest ein richtiges Haus bauen oder studieren können. Ich weiß es nicht. Was man so für Träume hat."

„Ich habe einfach immer von Gott geträumt."

„Woher bist du so sicher, dass es ihn gibt?"

„Ich habe ihn in meinen Träumen ja gesehen."

„Aber was, wenn er nur in deiner Fantasie ist?"

„Und was, wenn ich in seiner Fantasie bin?"

Magda nippt an ihrem Tee. Er macht warm und ihr ist ein bisschen schwummrig im Kopf.

„In meinen Träumen sagt Gott stets: ‚Magda, so machen wir es!' Und dann gehen wir zusammen hinaus in den Garten und pflücken die Blaubeeren oder sammeln ein paar Kartoffeln und wenn wir in den Apfelbaum geklettert sind, dann wusste ich immer, Gott wird schon aufpassen, dass ich nicht hinunterfalle. Und ich habe aufgepasst, dass Gott nicht fällt."

„Gott kann fallen?", fragte Magda ungläubig.

„Aber natürlich."

„Wie denn?"

„Indem du ihn fallen lässt. Das kann ganz schnell gehen. Da musst du aufpassen."

„Ist Gott denn – zerbrechlich?"

„Sicher."

„Ich dachte, Gott sei stark."

„Gott ist ein Kind."

„Wie merkwürdig …"

Oma zieht an ihrer Pfeife.

„Ja. Das ist es wohl ... Gedankenverloren schaut sie aus dem Fenster. „Wer träumt“, fügt sie dann hinzu, „braucht keine Angst zu haben.“
Magda schaut sie fragend an. „Wie meinst du das?“
„Wer träumt, hat immer genug. In meinen Träumen läutet Gott an der Tür. Er ist der Bote mit dem Paket. In meinen Träumen gibt Gott alles. Ich habe immer geträumt. So konnte ich ihn nie verlieren.“

24. Dezember

Geboren für alle Menschen

Schwester Marianne Bernhard

Heiß brennt die Mittagssonne auf den Weg, der nach Betlehem führt. Seit Tagen herrscht dort buntes Treiben, viele Menschen sind unterwegs: reiche Händler, einfache Bauern, Priester, dazwischen Soldaten und Beamte aus Rom. Alles wegen der Volkszählung, die Kaiser Augustus befohlen hat.
Wie gut, dass es unweit des Ortes am Weg einen Brunnen gibt. Dort können die Reisenden ihren Durst löschen und sich im Schatten einiger Palmen ausruhen. Auch ein dunkelhäutiger Junge liegt im Schutz einer Palme und schläft tief, neben sich sein Reisebündel. Seine Hautfarbe verrät, dass er von weit her kommt – ein Fremder, vermutlich aus Afrika. Er scheint nicht zu merken, wie sich zwei Gestalten heranschleichen. Die eine flüstert: „Schnell, nimm den Sack! Da ist sicher Geld drin!"
Nubo, so heißt der Junge, erwacht und springt auf die Füße. „Halt, lasst mir den Sack! Er gehört meinem Herrn, einem König aus dem Morgenland!" Doch die beiden Wegelagerer rennen schon mit ihrer Beute da-

von. Einer der beiden bleibt einen Moment stehen, klaubt eine Münze aus dem Beutel, den er im Reisesack entdeckt hat, und wirft sie dem Jungen vor die Füße. „Da! Das reicht für dich!“
Nubo hebt das Geldstück auf und sieht sich ängstlich um. Was nun? Sein Herr hatte ihn doch vorausgeschickt, um in Betlehem für ihn und seine beiden Gefährten ein Nachtquartier zu suchen. Alle drei hatten durch ihre Kenntnisse des Sternenhimmels das gleiche Zeichen entdeckt: einen Stern, der die Geburt eines neuen Königs im jüdischen Land ankündigte. Daraufhin hatten sie sich auf den Weg gemacht.
Ein nächster Reisender nähert sich dem Brunnen, ein Priester. Nubo fasst sich ein Herz und spricht ihn an: „Bitte, hilf du mir! Ich brauche jemanden, der mich in die Stadt mitnimmt. Sonst werde ich abgewiesen.“ Aber der Mann gibt nicht einmal eine Antwort, sondern macht nur einen großen Bogen um Nubo. Als Nächstes kommt ein junges Paar. Der Mann führt den Esel, auf dem die hochschwangere Frau sitzt, in den Schatten. Nubo schaut zuerst schüchtern zu, dann eilt er zum Brunnen und bringt den beiden Wasser.
„Gott segne dich für diese Wohltat“, sagt die Frau. Vor lauter Staunen, dass jemand so freundlich zu ihm spricht, bringt Nubo kein Wort heraus. Stattdessen schenkt er dem Paar das Geldstück, das ihm geblieben ist. Josef legt Nubo zum Dank die Hand auf den Kopf, dann ziehen die beiden weiter. Nun hat Nubo über-

haupt nichts mehr. Er eilt der Stadt zu, denn die Sonne steht schon tief. Doch schon bei den ersten Häusern hält ihn ein römischer Soldat an: „Halt! Fremde haben keinen Platz in der Stadt! Alle Herbergen sind besetzt. Nur noch Einheimische werden eingelassen. Ich nehme nicht an, dass du zur Volkszählung gehst?" Nubo entgegnet mit dem Mut der Verzweiflung: „Nein, das nicht, aber ich muss für drei Herren aus dem Morgenland eine Unterkunft suchen. Sie wollen den neuen König sehen." Der Römer spottet: „Du hast wohl einen Sonnenstich? Ein König in Betlehem? Herodes wohnt noch immer in Jerusalem!" Nubo aber weicht keinen Schritt zurück und schaut den Soldaten aus großen Augen bittend an. Da wird der Soldat etwas freundlicher und sagt: „Warte dort, am Stadteingang, wo die Bettler sitzen. Ich sehe gerade den Wirt der Herberge ‚König David' kommen." Und zum Wirt gewendet fragt der Soldat: „Hätte es bei dir noch Platz für drei Herren aus dem Morgenland? Dieser Junge dort ist ihr Diener." „Nein", entgegnet der Wirt verärgert. „Für solch fremdes Pack habe ich weder Zeit noch Platz!"
Traurig setzt sich Nubo neben einen der Bettler. Dieser sagt leise: „Auch dich will niemand unter seinem Dach. So geht es mir schon mein Leben lang." Er seufzt. „Du suchst nach einem neuen König? Auch ich warte auf einen. Vor langer Zeit hat Gott unserem Volk einen König versprochen, einen, der den Menschen Frieden bringt. Es wäre höchste Zeit, dass er käme."

Langsam wird es dunkel. Da kommt singend und lachend eine Schar Kinder aus der Stadt. Es sind die Kinder der Hirten, die ihren Vätern Verpflegung für die Nacht bringen. Nubo wagt noch einmal einen Anlauf: „Darf ich mit euch gehen?" Wie selbstverständlich nehmen die Hirtenkinder Nubo mit. Sie eilen mit ihm dem Feld vor der Stadt zu.
Inzwischen hat sich die Nacht still und klar über die Stadt gelegt. Die Hirten sitzen um das Lagerfeuer und essen das Brot, das die Kinder gebracht haben. Bald fallen den meisten die Augen zu, auch Nubo schläft ein. Nur ein Hirt hält Wache. Da blendet ihn plötzlich ein helles Licht. „Was ist das?", schreit er. Alle wachen auf und starren voller Angst auf die leuchtende Gestalt. Ein Engel steht vor ihnen. „Fürchtet euch nicht!", sagt er. „Ich bringe euch große Freude, sie gilt allem Volke. Euch ist heute der Retter geboren, der gesalbte König, in der Stadt Davids! Und das nehmt als Zeichen: Ihr werdet ein Kind finden in Windeln, in einer Futterkrippe!" Und dann hebt der Jubelchor unzähliger Engel an. Für die Hirten gibt es kein langes Wenn und Aber. Sie wollen das Kind sehen. „Komm, Nubo!", rufen die Kinder. „Wir suchen den Stall mit der Krippe, den uns der Engel genannt hat. Du hast recht gehabt mit dem König, der in Betlehem geboren werden soll. So ist es nun geschehen!"
Aber eigenartig, Nubo schüttelt den Kopf. „Der König", murmelt er vor sich hin, „geboren für alle Menschen!

Auch für mich! Auch für die anderen, für … ?" Nubo bleibt hinter den Hirten zurück, dann schlägt er einen anderen Weg ein.
Die Hirten haben unterdessen das Kind gefunden. In einem Viehstall, wo es seine Mutter in die Krippe gelegt hat.
Doch sie sind nicht die einzigen Besucher. Drei vornehme Männer treten hinzu. Sie zeigen zum Stern, der über dem Dach des Stalles steht: „Der Stern hat uns hierher geführt. Dieses Kind muss der König sein, der den Menschen Frieden bringt."
In diesem Moment geht die Tür auf. Nubo tritt in den Stall. Mit Staunen erkennt er Maria und Josef, das Paar, dem er am Brunnen begegnet ist. Dann entdeckt er seinen Herrn und dessen Gefährten. Ein Leuchten geht über sein Gesicht: „Euch habe ich vorher im Städtchen gesucht! Doch ihr habt den Weg bereits gefunden. Dafür habe ich weitere Menschen mitgebracht, die das Kind sehen wollen." Nubo winkt zum Eingang hin: „Kommt!"
Und sie kommen: der alte Bettler, sorgsam geführt vom römischen Soldaten, der Nubo zuvor angehalten hatte. Ihnen folgt, ziemlich verlegen, der Herbergswirt. Und – welch Wunder – auch die beiden Wegelagerer treten herzu, ihre Gesichter strahlen. Und zu guter Letzt findet auch der Priester den Weg zur Krippe. Nubo sagt, zu den Hirten und ihren Kindern gewendet: „Niemand wollte mich gestern in die Stadt mitnehmen, aber ihr

Hirtenkinder habt mich zu euerm Lagerfeuer mitgehen lassen. Und so durfte ich das vernehmen, was sonst niemand in der Stadt erfahren hatte, und ich durfte es weitersagen. Denn nicht nur für uns" – Nubo schaut die Hirten an – „sondern auch für euch, ihr Leute aus der Stadt, für Bettler wie für Priester, ja, auch für euch, ihr Wegelagerer, ist der neue König geboren. Von Gott geschenkt, für alle Menschen!"

Quellenverzeichnis

Texte

Arno Backhaus, Weihnachtsglanz, aus: ders. Arnos Advents- und Why-nachtsbuch © 2001 by Joh. Brendow & Sohn Verlag GmbH, Moers

Peter Biqué, Weihnachtsnostalgie © Alle Rechte beim Autor

Schwester Marianne Bernhard, Geboren für alle Menschen, aus: Christiane Voss (Hrsg.), Im Weihnachtswald. Ostschweizer Weihnachtsgeschichten, 2013 Zürich TVZ, © Alle Rechte bei der Autorin

Noor van Haaften, Mit Liebe geschenkt, aus: Noor van Haaften

Geschichten für zwischendurch, Aus dem Niederländ. Übers. von Martina Merckel-Braun, 2006 Wuppertal R. Brockhaus

Manfred Hausmann, Die Entdeckung des Weihnachtssterns, aus: Manfred Hausmann, Martin, Isabel, Andreas. © C. Bertelsmann Verlag, München, in der Verlagsgruppe Random House GmbH.

Hermann Hesse, Schaufenster vor Weihnachten (Auszug). Erschienen in: Hermann Hesse, Sämtliche Werke, Band 14: Betrachtungen und Berichte 1927-1961. © Suhrkamp Verlag Frankfurt am Main 2003. Alle Rechte bei und vorbehalten durch den Suhrkamp Verlag Berlin.

Ephraim Kishon, Vertrauen gegen Vertrauen. Aus: Ders.:, Beste Familiengeschichten, © 1962 by LangenMüller in der F.A. Herbig Verlagsbuchhandlung GmbH, München.

Andreas Knapp, Wie der heilige Nikolaus die Mitra erfunden hat, aus: Andreas Knapp, Mit Engeln und Eseln. Weise Weihnachtsgeschichten © Echter Verlag Würzburg 3. Auflage 2014, S. 7f.

Andreas Malessa, Vorweihnachtsblitz aus trübem Himmel © Alle Rechte beim Autor

-minu, Das große Weihnachtsquiz, aus: -minu, Besuch vom Christkind. 16 neue Weihnachtsgeschichten, Alle Rechte vorbehalten © 2010 Friedrich Reinhardt Verlag, Basel

Hermann Multhaupt, Peters Weihnachts-Bücherwunsch © Alle Rechte beim Autor

Susanne Niemeyer, Der Traum, aus: Dies., Frohe Weihnachten: Jesus klingelt. Neue Weihnachtsgeschichten © KREUZ VERLAG in der Verlag Herder GmbH, Freiburg i. Br. 2014, S. 104ff

Anneliese Röck (*1934), Ein Teufelstag im Advent, aus: In der Weihnachtsstadt. Advents- und Weihnachtsgeschichten. Hrsg. Von E. Frank, Agentur des Rauhen Hauses, Hamburg 1977. Mit freundlicher Genehmigung der Autorin

Miras Sasmaz, Die letzten Kastanien © Alle Rechte beim Autor

Karla Schniering, Lilly und die Sache mit Frau Schmidt, aus: Nicolas Koch (Hrsg.) Winterwundernacht 24 Geschichten bis Heiligabend © 2013 by Joh. Brendow & Sohn Verlag GmbH, Moers

Manfred Siebald, Einmal Bacchusplatz und zurück, Petra Hahn-Lütjen (Hrsg.) WeihnachtsFest Geschichten © Brunnen Verlag, Gießen 2009, www.brunnen-verlag.de

Christa Spilling-Nöker, Wenn ein Licht vom Himmel fällt - Geschichten und Gedanken zur Advents- und Weihnachtszeit, (Topos Taschenbücher, Bd. 897) © Matthias Grünewald Verlag der Schwabenverlag AG, Ostfildern 2014

Robert Walser, Winter, aus: Robert Walser, Sämtliche Werke in Einzelausgaben. Herausgegeben von Jochen Greven. Band 4: Kleine Dichtungen. Mit freundlicher Genehmigung der Robert Walser-Stiftung, Bern. © Suhrkamp Verlag Zürich 1978 und 1985

Jürgen Werth, Existentiell berührt, aus: Petra Hahn-Lütjen (Hrsg.) WeihnachtsFest Geschichten Brunnen Verlag, Gießen 2009, www.brunnen-verlag.de

Bilder
Covermotiv: © mozZz/Fotolia, Innen: © manu/Fotolia

Wir danken allen Rechteinhabern für die freundliche Abdruckerlaubnis. Der Verlag hat sich bemüht, alle Rechteinhaber in Erfahrung zu bringen. Für zusätzliche Hinweise sind wir dankbar.